少年爱哲学

仁与善的世界

贺天舒 ◎ 著

济南出版社

图书在版编目（CIP）数据

少年爱哲学. 仁与善的世界 / 贺天舒著. -- 济南：济南出版社，2025.5. -- ISBN 978-7-5488-7268-9

Ⅰ. B2-49

中国国家版本馆CIP数据核字第2025FK7928号

少年爱哲学：仁与善的世界

SHAONIAN AI ZHEXUE：REN YU SHAN DE SHIJIE

贺天舒　著

出 版 人	谢金岭
责任编辑	李圣红　苗静娴
绘　　图	张攀峰
封面设计	八　牛

出版发行　济南出版社
地　　址　山东省济南市二环南路1号（250002）
总 编 室　0531-86131715
印　　刷　济南鲁艺彩印有限公司
版　　次　2025年5月第1版
印　　次　2025年7月第1次印刷
开　　本　148 mm×210 mm　32开
印　　张　6.375
字　　数　96千字
书　　号　ISBN 978-7-5488-7268-9
定　　价　39.00元

如有印装质量问题　请与出版社出版部联系调换
电话：0531-86131736

版权所有　盗版必究

总序

小时候,我们可能都问过这样的问题:天空为什么是蓝色的?雨后为什么有彩虹?鸟儿为什么在天上飞?鱼儿为什么在水中游?……随着一天天长大,我们渐渐了解到,这些问题都可以在科学中找到正确的答案。那么,我们要怎样生活?怎样与人相处?人生的价值是什么?社会的功用又是什么?……这些问题我们应该在哪里找到答案?

如果这是一场开卷考试,我们可以抱着"哲学"这本大书看到各种不同的解答:孔子说,我们应该每日反省自己是否安守本分,要不断提升自己,做道德君子,要爱人如己;老子说,我们可以学习自然法则,顺势而为,以达到人生的和谐;墨子说,平时修炼十八般武艺,最终靠大爱实现天下和平才是终极目标;韩非子说,秩序就是美,赏罚分明、人人遵守规则的社会才是最理想的……前人的智慧不会直接告诉我们所有问题的答案,但会带给我们更进一步的思考。

哲学,就像是一块跳板,你在这里停下来,好好思考一下，明确下一步的方向，找到最适合自己的路，接下来就会跳得更远、跳得更高。这就是哲学的意义。

世界哲学史上有一个非常有趣的现象，一群高智商的中外哲学家突然在同一个时间段扎堆出现了，就像一场造山运动，突然隆起一座座巍峨的高山。如果说古老人类文明的发展就像是一个人的成长，那么这个成长的第一个高峰就是公元前800年至公元前200年之间的"轴心时代"（德国哲学家卡尔·雅斯贝尔斯提出的哲学发展理论），这是柏拉图与亚里士多德师徒"相爱相杀"的西方哲学全盛时期，也是诸子百家争鸣的中国哲学黄金时代。

要想了解中华民族传统价值观的起点和根源，了解人生与社会的种种有趣又难解的课题，我们可以从这里开始，从中国早先的哲人们说起，他们的思想最古老、最传统，但一直延续至今仍不过时……

引 言

中国古代哲学的一大流派是儒家，儒家的创始人是孔子。

孔子被后世尊为"至圣先师""万世师表"，历经两千多年，至今仍被人们所尊崇。孔子是不是很厉害？你可能要问了，孔子做了什么，这么受人尊崇？哦，孔子可没有做过什么惊天动地的"伟业"。他不是开疆拓土的王侯将相，他做过最大的官是鲁国司寇，而且做的时间还不长；他也不是腰缠万贯的豪商巨贾，他当老师收的学费也就是一束肉干；在周游列国期间他还经常挨饿，不受诸侯们尊重……后世之所以给他"至圣先师"等尊荣，是因为他提倡的儒家思想构建了中国人的道德基因，影响了中国社会的文化走向。

在孔子所处的时代，周王室势力衰微，诸侯纷纷崛起，天下纷争不断，民众苦不堪言。面对"礼崩乐坏"的局面，孔子提出"仁政""德治"的政治主张，倡导

"仁义""忠恕"之道,主张"有教无类",企图通过礼仪教化、道德修养恢复社会秩序,达到天下大治。为此,孔子历尽艰辛,周游列国十四年,宣扬自己的政治主张。只可惜当时诸侯们都忙着打架争当老大,谁会听他的?所以他到处碰壁,理想破灭。

孔子虽然在生前没有实现自己的政治抱负和道德理想,可他的政治理念、道德学说、教育思想却世代流传,成为中国传统文化的精髓。孔子高尚的道德品格,也为后人所津津乐道。

现在,让我们一起来了解一下孔子跌宕起伏、历经磨难的一生吧!

总序

引言

| 第一讲 |

孔子其人其事（上）

姓名的由来 / 002　　精通六艺 / 017

幼年丧父 / 003　　收徒办学 / 023

年少知礼 / 007　　短暂齐国游 / 024

少年成名 / 009　　智拒阳货 / 029

颜　值 / 011　　礼"战"齐侯 / 031

做"打工仔" / 014　　堕三都失败 / 037

勤勉好学 / 015

| 第二讲 |

孔子其人其事（下）

周游列国 / 048

孔子有美德 / 049

被当作"吉祥物" / 050

尴尬见南子 / 051

困于匡、宋 / 053

厄于陈、蔡 / 055

设讲坛、修《春秋》，落叶归根 / 060

| 第三讲 |

孔门弟子

最亲近的弟子——子路 / 069

最欣赏的弟子——颜回 / 078

最全才的弟子——子贡 / 087

最孝顺的弟子——闵子骞 / 098

以挨骂出名的弟子——宰予 / 100

南方弟子的代表——子游 / 104

颇有独创精神的弟子——子夏 / 106

冉氏之光，一门三贤——冉耕、冉雍、冉求 / 109

| 第四讲 |

《论语》中的闪光点

学：不亦说乎 / 123

仁：仁者爱人 / 130

义：舍生取义 / 138

礼：克己复礼 / 142

恕：忠恕之道 / 150

孝：父慈子孝 / 156

| 第五讲 |

儒家思想的传承者

"亚圣"孟子 / 168

孟子一生故事多 / 168

　　孟母三迁 / 168

　　断机教子 / 170

　　孟子休妻 / 171

孟子在哪些方面继承发展了孔子 / 173

孟子著名演说：人之初，性本善 / 175

"后圣"荀子 / 178

荀子一生的几个拐点 / 178

荀子主张：性本恶！ / 179

最霸气的儒家博士——董仲舒 / 182

时代呼唤出的读书人董仲舒 / 182

董仲舒是个什么官 / 185

董仲舒的故事 / 185

　　三年不窥园 / 185

　　董生下帷 / 187

生生不息的后世儒学 / 189

| 参考文献 | 193

第一讲

孔子其人其事
（上）

姓名的由来

孔子（前551—前479），姓孔，名丘，字仲尼，出生于春秋末期的鲁国陬邑（今山东曲阜）。孔子的父亲叔梁纥（hé）是鲁国的一个将军。哎，听到这个名字，大家可能会感到困惑：叔梁纥不姓孔吗？孔爸爸当然应该姓孔啊！

其实，在先秦时期，姓名的叫法非常复杂，有字+名的，也有姓+名，或者氏+名的。叔梁纥就是字+名，字叔梁，名纥。姓，指的是部落或部落首领的名称。氏，指的是一个姓的大家族中衍生出来的某一分支的称号。

孔子的先祖是殷商王室与宋国贵族后裔，本姓"子"，而他们这一家族分支的氏是"孔"。随着时代变迁，人们的姓氏逐渐简化，孔子的"氏"也就变成了"姓"。而"孔子"中的这个"子"，则是表示尊敬的称谓，也就是"诸子百家"的"子"哦！至于孔子的名和字，据说是因为他的父母在山东曲阜东南边的尼山（又名尼丘山）祈祷才生下孔子，故而给他取名

"丘"。因此,有的文献会称呼孔子为"子丘""孔丘"。孔子排行老二,所以字为"仲尼"①。

幼年丧父

孔子的父亲叔梁纥算是当时的一位英雄人物。他身形魁梧,力大无穷,最为人称道的事迹就是在偪阳之战中的英勇表现。

春秋时期,诸侯争霸,战火纷飞,当时的实力强国晋国与楚国属于对抗关系,所以晋国想与楚国的近邻吴国建立友好外交关系,而偪阳国(今山东枣庄境内)位于吴晋之间,又表示中立,在晋国看来是相当碍眼……于是晋国找了个借口,说偪阳国倾向楚国,然后联合其他同盟国开始征伐偪阳国。当时的鲁国也属于晋国的同盟国之一。公元前563年,浩浩荡荡的同盟大军向偪阳国发起猛烈攻击。鲁国军队负责攻打北门,不料却中了偪阳国"诱敌深入"之计。在军队进入城门一半时,只听到"哗啦啦"一声巨响,硕大的城门冲着军士们的

这大概是历史记载中第一个"举重"挽救军队的故事。作为力举千斤的大力士,叔梁纥也堪称我国的举重鼻祖!

头顶就砸了下来,进入城里的这些兵将眼看就要成为"瓮中之鳖"。说时迟那时快,叔梁纥一个箭步冲上前去,用双手举起城门,让鲁国的军队得以安全撤退。可以说,他以一人之力扛下了所有!他的神武力量也吓阻了城中的偪阳国将士,竟然没有敌人敢上前追击。(《左传·襄公十年》)

这样英勇的父亲,如果能一直陪伴在身边,一定会成为儿子心中的楷模。可惜的是,孔子没有这么幸运,在他三岁时父亲就去世了。

春秋战国时期

从公元前770年周平王东迁,诸侯混战,到公元前221年秦灭六国,史称春秋战国时期。其间分为春秋和战国两个时期。从公元前770年到公元前476年,称为"春秋时期"。"春秋"名称取自孔子修订的鲁国编年体史书《春秋》。从公元前475年到公元前221年秦统一六国,称为"战国时期"。"战国"名称取自西汉刘向所编订的《战国策》。

诸侯

诸侯一词最早源于西周时期的分封制。周天子把一些土地连同土地上的人民,分别授予王族和功臣,让他们建立封国。各封国的君主统称为诸侯,他们的封国称为诸侯国。诸侯必须服从周王室,向周王室述职、纳贡,遇有战事,要随同作战,保卫王室。

周代爵位分公、侯、伯、子、男五等。诸侯的封地大小不一。各诸侯国里的人又分为卿、大夫、士、庶民、奴隶等不同等级。

秦朝废弃分封制,实行郡县制。此后各朝代均实行郡县制,但都有不同程度的分封,只是封地不再是独立王国,而属于行政区域。

诸侯争霸

西周末期，周幽王为了博取褒姒一笑，点燃烽火，诸侯起兵勤王，发现被幽王戏弄，后来犬戎入侵，诸侯看见烽火也不再来援，周幽王被犬戎所杀，西周灭亡。而后，周平王把国都由镐京迁往洛阳，东周开始。但此时周王室势力衰微，徒有天下共主的名义，却无力控制日益强大的诸侯。于是，诸侯间展开混战。势力大的诸侯叫作"霸主"。霸主被周天子承认，可以召集诸侯开会（会盟），商讨军国大事，订立盟约（所以霸主又称为"盟主"）；也可以集合诸侯抵御外敌或者讨伐不听号令的诸侯；还可以享受高于诸侯的礼乐，拥有六军（诸侯三军，周王室九军）；等等。

年少知礼

叔梁纥年纪很大才娶了孔子的母亲颜徵在。叔梁纥去世后,年轻的颜徵在失去了丈夫的帮持,受到家族的排挤,所以在家道中落后把孔子及其同父异母的兄长伯尼带回自己的家乡曲阜阙里,独自承担起抚养幼儿的重任。颜徵在知书达理、温柔善良,对两个孩子都悉心培养,亲自教授他们认字识礼,为他们开智启蒙。

小小的孔丘喜爱的游戏跟一般小朋友不同,他喜欢玩的"过家家"是假装进行祭祀、宴会,练习行礼。这

样的游戏对一般小孩子来说是不是不那么热闹有趣呢？孔子的母亲看在眼里，却并没有以"别人家的孩子"为标准，强迫他去跟其他小孩玩游戏，而是亲自买了很多礼器模型，让小孔丘摆弄、练习。

孔子后来那么热爱礼仪，可能跟他小时候喜欢的游戏有关呢！哇，兴趣果然是最好的老师，而发展兴趣需要一位好母亲啊！后来孔子所奉行的"因材施教"，也可能是受到自己的幼时经历启发呢！

有母亲陪伴的时光幸福而温暖。不幸的是，孔子十七岁那年，还不到四十岁的母亲操劳过度，于盛年撒手人寰，留下了孤苦伶仃的孔子。

孔子小小年纪就已经研习周礼，所以母亲去世后，他想把母亲与父亲按照周礼合葬。遗憾的是，由于孔子的母亲与父亲年纪相差甚大，孔子父亲去世的时候，年轻的颜徵在不被允许参加葬礼，所以她不知道叔梁纥的墓地在哪里，孔子便也无从知晓。于是，悲痛的孔子将母亲的灵柩暂时停放在"五父之衢"，就是一个叫作五父的路口，以便询问打听。后来，他碰到一位从前的邻居从那里路过，才得以知晓父亲的墓地所在，终于按照周礼把父母合葬。这也是孝顺的孔子为母亲做的最后一件事。

想一想

1. 孔子玩的是"祭祀礼仪",也是一种"扮家家酒"游戏,你玩过这类游戏吗?你有没有玩过"长大以后想做什么"的游戏?你认为游戏会影响一个人的人生吗?

2. 孔子小时候的"游戏"后来变成了他的事业(传道讲礼)。你觉得童年的兴趣是偶然的,还是一种潜在的志向?

少年成名

孔子对母亲的孝顺、处理葬礼祭祀时的严谨守礼为世人所称道。他也因年纪轻轻多才多艺、学识渊博而声名远播,可谓少年成名。据说当时鲁国的大夫孟釐(lí)子病危时告诫儿子要向孔子学礼,而当时的孔子只有十七岁![2] 孟釐子过世后,他的儿子孟懿子与鲁人南宫敬叔果然去跟孔子学习礼仪了。后来,南宫敬叔还跟孔子一起去周朝都城洛邑学习、研究周礼,据说其间孔子还曾向老子问礼。能目睹当时两大智者的交锋,作为孔子的早期弟子之一,南宫敬叔可真是幸运呢!

另外还有一件事可以佐证孔子年少成名,那就是孔子的儿子——"鲤"这个名字的由来。早早成为一家之主的孔子在十九岁前后娶了宋国的亓官氏为妻,婚后一年就生了一个大胖小子。鲁昭公闻听喜讯后马上派人送来一条鲤鱼。国君赐鲤,寓意"鲤鱼跳龙门",这可是一桩值得纪念的美事啊!因而孔子为儿子取名为鲤,字

伯鱼，永远纪念这一荣誉。

不过，一条锦鲤并不能改变家境窘迫的事实啊！国君估计是不知柴米贵，送一条"金鲤"是不是比"锦鲤"更实用呢？嘻嘻……

颜　值

有人可能要问：说了半天了，孔子到底长什么样呢？噢，先问问大家，说到"孔"，大家会想到什么形容颜值的成语？恐龙……哦不，孔武有力？有人说，这个词是形容武松的吧？哈哈，没错，说武松孔武有力很恰当。在贫困中长大的孔子，也可以说他孔武有力。哈，没想到吧？据《史记·孔子世家》记载，"孔子长九尺有六寸，人皆谓之'长人'而异之"。按照西汉的尺寸，换算成今天的国际单位就是221.76厘米。哇，这身高打个CBA（中国职业篮球联赛）中锋应该不成问题吧！也有人认为应该按照西周的尺寸换算，那就是约1.91米，也是妥妥的"高人"。当然，后人看孔子大多是以仰视的视角看伟人,《史记》记载也许有夸大的成分,但毫无疑问,孔子身材高大,绝对有超越一般偶像的身高。

孔子不仅身材高大,力气也很大,可能是继承了父亲的基因吧。《吕氏春秋》中说孔子可以举起城门的巨大门闩。但是他从来不以力气大显摆炫耀,更不会依仗力气大欺负他人。③《论语·述而》记载:"子不语怪、力、乱、神。"可见,孔子虽处乱世,却很不愿意谈论武力,不赞成武力至上,他提倡以德服人。

不过,孔子虽然身材高大魁梧,但他的相貌可能会有点让人"望而却步"。《荀子·非相》上说"仲尼之状,面如蒙倛(qī)"。"倛"是一种看起来比较可怕的面具,古时候人们戴上这种面具来跳舞驱鬼。哈,真是这样的吗?在《史记·孔子世家》中记载了这样一个小故事:周游列国期间,孔子在去郑国的路上和弟子们走散了,只好独自站在郑国都城的东门等弟子们。有一个郑国人看到了,给正在找老师的子贡形容孔子的样子:"其颡(sǎng)似尧,其项类皋陶,其肩类子产,然自要以下不及禹三寸。累累若丧家之狗。"意思是说,孔子额头长得像尧,脖颈长得像皋陶,肩膀像子产,但从腰以下比禹短了三寸,疲惫不堪、孤苦伶仃的样子,像失去了主家的狗。虽然尧和大禹都是圣君,皋陶是正直的名臣,子产是难得的贤相,但是他们几个人的相貌特征放在一起就是大脑门儿、粗脖子、腰长、驼背加上短腿……这确实都不是什么颜值加分项啊!但是郑国人用圣贤类比孔子,这是不是也从侧面说明孔子气质出众、卓尔不群呢?

那么,孔子是怎么看待自己的颜值的呢?在听到郑国人描述自己好像一条丧家之犬时,孔子一点也不生气,反而欣然笑曰:"形状,末也。而谓似丧家之狗,然哉!然哉!"(《史记·孔子世家》)由此可见,在孔子看来，人的外在相貌并不重要，一个人内在的修养、德行远远胜过一切，不断提升自我才是最重要的。

想一想

1. 孔子的外貌是不是与你想象的不一样？如果一个人"不像你想象中的样子"，你还会信他吗？你觉得外貌重要吗？为什么？

2. 你是否因为"外表"或"第一印象"误判过一个人？我们该如何看待"外表"与"内在"的差距？

3. 孔子出身不算显赫，他的成功靠的是自己的不断学习和努力。在今天，出身、家庭背景、资源仍然影响着很多人的发展。你认同"努力能改变命运"这句话吗？为什么？

做"打工仔"

因为家境贫寒，为了谋生，孔子开始做一些小差役的工作，即当"打工仔"。例如在鲁国权臣季孙氏家里任委吏，负责管理仓库、饲养牲畜等。不管工作多么琐碎，他都能做得一丝不苟、井井有条，可谓在其位，尽其职。另外，因为博学多能、通晓周礼，孔子也做过"相礼"。《论语》中记载，孔子让学生做"君子儒"，不要做"小人儒"[④]，以君子的人格作为儒者的标准。由此可见，那时的"儒"已经超越了简单的司仪范围，成为一种理想君子的代称了。

勤勉好学

尽管生活条件这么艰苦，可孔子没有自暴自弃。在打工谋生的间隙，他凭着"三人行必有我师"的学习态度，抓住一切学习的机会，向各个行业的专业人士请教。例如，他进入鲁国供奉先祖的太庙时，碰到任何一个器物或者看到任何一种礼仪，都要详细询问[⑤]。在向著名音乐家师襄学习古琴时，孔子把一首曲子练习了十几天，师襄认为已经可以了，但是他还要提高技巧。又过了几天，师襄认为技巧已经提高了，可他还是精益求

精，要领会曲子的内在精神。最后直到他可以在弹奏时与创作者共情，甚至脑海中浮现出曲子要表达的意思的画面，领悟到作品的精髓才罢休。⑥

第一讲 | 孔子其人其事（上）

想一想

1. 你会抓住机会学习吗？你觉得应该怎么利用不同的机会学习呢？

2. 你听音乐或者做喜欢的事的时候，有没有到达过"忘我"的境界？如果有，那是什么样的感觉呢？

3. 你认为学习到哪一种境界才是最好的呢？

精通六艺

凭着锲而不舍的学习精神，孔子对当时的六种技能，即"礼、乐、射、御、书、数"，也就是礼节、音乐、射箭、驾车、书法（书写、识字、作文）、数学（算术、推演历法）样样精通。简直可以说孔子是文武全才。

文的先不提，武功方面孔子最擅长的应该就是射箭了，毕竟孔子臂力惊人。传说，孔子手掌像老虎一样，

臂力巨大无比。⑦ 据说,孔子和弟子们在练习射箭的时候,围观者很多,甚至密密麻麻堵成了人墙,可见孔子和弟子们射箭技术之精湛⑧。可惜当时没有直播带货,要不然靠射术当个网络主播也许还是个不错的副业呢!嘻嘻……

　　与射箭技术相比,孔子对自己的驾车技术似乎更有自信。《论语》记载,有一个人称赞孔子伟大,说他什么都会,什么都懂,可惜没有一项专长可以树立名声。孔子听弟子转述后说:"我有什么特长呢?是驾车,还是射箭呢?我的特长就是驾车啊。"⑨ 连一向谦虚的孔子都认为自己驾车技术还可以,那肯定就不是一般的水平了!

而且"御"这项技术在当时更多指的是驾驭战车,一手执鞭一手控马,在沙场上纵横,这比今天开坦克还显得威风吧!更厉害的是,孔子在六十三岁的时候还可以亲自驾驭马车给弟子们做示范,这是不是老当益壮呢?!

有人说,孔子精通六艺,各项技能拉满,那可不就是今天所谓的"六边形战士"嘛!

少年爱哲学：仁与善的世界

孔子不仅文武双全，而且还很文艺，是个"音乐人"哦！他曾因听到虞舜时作的名为《韶》的乐曲而如痴如醉，三个月都吃不出肉的滋味。⑩而且当他听到悦耳的歌声时，就一定要请对方再唱一遍，等他学会以后再按照旋律来和音。⑪孔子在编辑整理《诗经》的时候，还把三百零五首诗歌都配上了曲调，让这些诗歌能够在合适的场合吟唱，以教化众人。⑫三百零五首歌啊……你说，孔子是不是音乐奇才？

第一讲 孔子其人其事（上）

想一想

1. 如果孔子要开直播，你觉得他应该做什么来吸引大家看呢？"六艺"开网课的效果会怎么样？

2. "六艺"课程既有文又有武，既修身又练脑。当今时代，学生是否还需要"样样通"？你愿意接受这样的全面训练吗？为什么？

3. 现代人常常在"做通才"与"做专家"之间犹豫。孔子为什么不只钻研一样？你觉得在今天，成为"六艺型人才"还有意义吗？

有趣的小知识

驾车的技术

先秦贵族子弟学习的六艺之一——御,指的是驾驭马车和战车的技术,大概分为五项。郑玄在注解《周礼·地官·保氏》中称,这五种驾驶技术分别为"鸣和鸾,逐水曲,过君表,舞交衢(qú),逐禽左"。也就是说,行车时,车铃响动要和谐悦耳;车随曲岸疾驰时,要不坠于水;经过天子的位置时,要有礼仪;经过路口时,转弯要自如,优美如舞蹈;行猎或作战时,要把猎物或敌人逼到左面以便射获。

怎么样?如果你去先秦驾校学习驾车技术,能不能顺利通过,拿到驾照呢?

收徒办学

孔子称自己"三十而立",也就是说他三十岁时已经可以靠自己的一身技能立身于社会了。他的博学多才远近闻名,许多年轻人开始跟随他学习,孔子成为第一位创办大规模私立学校的授课老师。在孔子之前,一般只有贵族子弟才有机会受教育,而孔子主张"有教无类",无论是贵族还是平民子弟都应有平等的机会接受教育,在当时这是很了不起的思想。孔子自己也是这么做的。孔子说过:"只要主动带了十条肉干来做拜师礼的,我从没有不给予教诲的。"⑬

有的同学可能会有疑问,孔子是特别喜欢吃肉吗?带点别的见面礼不行吗?这肉干就是学费吗?其实,肉干是当时的一种最微薄的见面礼,带见面礼来求学,代表的是一种谨慎严肃的尊师求教态度。而孔子的弟子中也有非常贫困如颜回这样的年轻人,几乎一生都跟随孔子学习,孔子也没有要求他们缴纳任何学费,贫困生的福利可以说是相当好了。

在这段青壮年时期，孔子的主要谋生手段还是从政。孔子一边带学生一边担任官职，也算是一位古早的"斜杠青年"了。在担任一些杂役官职之后，孔子在政治上的才干逐渐显露出来。

短暂齐国游

当时孔子所在的鲁国国君大权旁落，把持朝政的是三大家族：季氏、叔孙氏、孟孙氏。这三大家族也被称为"三桓"，因为他们都是鲁桓公的后裔。"三桓"自第一代起就执掌国政，明里暗里挤兑国君鲁昭公。

"三桓"不把鲁昭公放在眼里，鲁昭公对"三桓"也是忍无可忍，于是在鲁昭公二十五年（前517），他联合其他几家贵族讨伐季氏。就在攻破季氏大门、季平子将要举手告饶时，叔孙氏、孟孙氏及时赶到，击退了鲁昭公的军队。失败后的鲁昭公担心自己留在国内早晚会被"三桓"欺辱或暗算，就逃到了齐国，后来又逃到晋国，至死也没有回到自己的国家。

一国之君都被挤兑出逃了,维护国之正统的孔子也待不下去,于是在鲁昭公兵败逃亡的同一年,三十五岁的孔子也跟随鲁昭公的脚步来到了齐国。当时的齐景公久闻孔子的大名,向他请教治国良策,孔子回答说:"君君,臣臣,父父,子子。"(《论语·颜渊》)意思是:父亲有父亲的样子,儿子有儿子的样子,君主臣子亦如是。治国如同治家,上下有序,尊卑有度,大家各自承担自己的责任和义务,各司其职,各尽所能。

在与孔子谈论了几天治国理念后,齐景公就想重用孔子,但是当时的大臣晏婴却反对这些思想,他对"儒士"有很大的偏见,认为他们只会讲漂亮话,那些周礼的繁文缛节在齐国也很难实行,在当下的乱世,不如积极发展经济军事和对外扩张。

在心腹大臣的反对下,齐景公也动摇了,后来对孔子也不再那么热情。他对孔子说:"如果像鲁国对待季氏那样,拿有权的上卿地位给你,我做不到。"[14] 于是就按照低于季氏、高于孟氏的规格招待孔子。简单来说,就是"我给予你尊重,但是不予你重用"的意思。后来,他干脆说:"我老了,不能用你了。"[15] 这也太

少年爱哲学：仁与善的世界

直白了！孔子听懂了齐景公的弦外之音，也就不再抱什么希望，再加上齐国的一些贵族大夫对孔子敌意甚大，甚至有传闻说要杀害他，于是孔子和弟子们匆忙收拾行李，很快离开了齐国。

有意思的是，即使晏婴对儒士的偏见这么大，孔子对晏婴的评价还是很高的。孔子说："晏子仁德、善良，善于与人交往，相识时间越久就越尊敬他。"⑯

后来在周游列国到齐国时,他还对晏子的弟子们说:"(晏子)扶助拯救百姓却不自夸,言行裨补三位君主——齐灵公、齐庄公、齐景公的过失,但是他却不居功自傲。晏子果真是君子啊!"⑰

孔子能看到非议自己的人的优点,并且大加赞赏,这可不是一般的心胸开阔啊!扪心自问,对于不喜欢自己的人,我们能够像孔子这样看到对方的优点,并公正地给予其尊重赞赏吗?

> **想一想**
>
> 1. 孔子的"副业"教书后来变成了他的主业,并且产生了巨大影响。在当今社会,你如何看待"兴趣变职业"或者"多职共存"?
>
> 2. 孔子对待非议自己的人不愠不怒,你能做到吗?你认为应该怎样对待与自己意见不同的人?

有趣的小知识

晏子（前578—前500），名叫晏婴，是春秋时期的著名政治家、思想家、外交家，历任齐灵公、齐庄公、齐景公三朝卿相，在当时享有极高的声望。晏子崇尚以礼治国、勤俭爱民，据说他有一件狐皮衣，穿了三十年都不舍得扔，被后人称为"晏子裘"，由此可见其节俭的程度。而这个典故还是孔子的弟子们在聊天时提到的。

有一天，曾子和有子讨论晏子办父亲丧事的做法。曾子认为，晏子以"知礼"著称，他深知"礼"的要义，那就是"恭敬"。但是有子提到，晏子一件狐皮衣穿三十年都不舍得扔，而且在办理父亲丧事时，只用一辆遣车，随葬器物也非常少，很快就祭奠完毕返回了。但是按当时的周礼规矩，国君陪葬所取牲体是七包，遣车也应是七辆；大夫是五包，遣车应是五辆。有子问："晏子完全不照规矩来办，怎么能说他是一个知礼的人呢？"曾子解释道："在国家尚未治理好的时候，君子以照搬礼数的规定为耻。因此在国人奢侈成风时，君子就应做个节俭的表率；而在国人节俭成风时，君子就应作出按照丰数办事的表率。"[18]从这件小事中我们也可以看出，曾子真是一位善于灵活变通、顺势而为的政治家啊！

智拒阳货

孔子回到鲁国五年后,鲁昭公客死他乡。公元前509年,鲁定公继位。鲁定公在位的第五年,掌权的季平子去世,季桓子承袭宗主之位,之后,他就被自己的家臣阳货(又名阳虎)囚禁了三年,后来季孙氏、叔孙氏、孟孙氏三家联手才平定了阳货的叛乱。乱世的改朝换代就这么一股脑来了。而孔子在这十几年间始终没有得到重用,只能专心授徒治学。

阳货掌权时曾经邀请过孔子出仕,用的方法也很巧妙。阳货知道守礼的孔子一定不愿意跟背叛主公的自己见面,于是就派人赠送了一头乳猪给孔子。按照当时的礼仪规矩,孔子必须亲自登门答谢才合乎礼,阳货想借此与孔子见面,逼孔子出仕。这下孔子可有点为难了。于是孔子就耍了个小心眼,特地等到阳货不在家的时候前往拜谢,不料偏偏在半路遇到了阳货,好像是阳货在路上埋伏着等他一样。阳货对孔子的理念也有所了解,直接对孔子进行了逻辑三连击,他问孔子:"一个人有能力、有本事治理国家却放任国家混乱，可以称为仁吗？"孔子说："不可。"阳货说："想做大事却屡次丧失时机，可以称为智吗？"孔子说："不可。"阳货说："时光飞逝，岁月不饶人啊！"这一下击中了孔子的要害，他年近半百，政治理想却始终未能实现。孔子妥协了，说："好吧！我准备做官了！"[19]

孔子虽然口头上这样应承着阳货，但是实际并未入仕，毕竟阳货不是他一心要辅佐的明君啊！鲁定公八年（前502），阳货在与三桓的交战中落败，逃奔去了齐

国。第二年（前501），孔子终于得到鲁国真正的君主鲁定公的重用，在51岁时被任命为中都宰，第二年又被升为鲁国大司寇（相当于司法部部长），掌管全国治安司法，地位仅在国君鲁定公和权臣季桓子之下，算是妥妥的"三把手"，这也是孔子政治生涯的顶峰。

在担任大司寇时，孔子迎来了他一生中从政的高光时刻，在夹谷会盟中展现出了一个智勇双全的政治家风范。

礼"战"齐侯

当时，齐国和鲁国的关系颇为微妙。还记得孔子的大力士老爹吗？当年叔梁纥力扛千斤城门救的鲁国可是晋国的同盟军。也就是说，春秋纷扰这么多年，鲁国是跟着晋国老大混的，而当时与晋国争霸的正是日益强大的齐国。阳货兵败后逃到齐国，也算是齐景公的天赐良机，他原本打算拘禁阳货，以此为筹码拉拢鲁国，但是没想到阳货趁月黑风高越狱逃跑，又逃到晋国去了，而且还被晋国权臣赵简子收容。这样一来，恨阳货恨得牙根痒痒的季桓子对晋国就有了不满。齐国马上觑到这个可乘之机，于是在鲁定公十年（前500）向鲁定公发出了会盟邀请。也就是说这次夹谷会盟，主要是齐景公想拉拢鲁国入伙的假惺惺派对，同时齐国也想显摆一下大哥的威风，"让小弟又怕又敬来跟我混"大概就是齐景公的心声了。

夹谷位于齐鲁交界处，这次会盟的司仪是由孔子来担任的。孔子深知这次会盟并不是单纯的两国交好，

心里早就做好了准备。在鲁定公准备乘车前，他就建议说："臣下听说有文事的话必须有武备，有武事的话必须有文备。古代诸侯越出自己的疆界，必定配备文武官员作为随从。请配备左、右司马。"鲁定公说："好！"鲁国暗中安排好军队，便前去夹谷与齐侯会盟。

他们一行人到达夹谷后，修起了三级台阶，按照诸侯间会晤的礼节相见。盟会的礼仪结束后，一位齐国官吏小跑进来奏请四方的舞乐。齐景公说："好。"于是有一群莱夷的乐人打着旌旗，挥舞着羽毛彩带，手持着剑戟，击鼓呼叫而来。这样充满战斗意味的乐舞让孔子十分警觉，只见他疾走上前，一步跨越一级台阶，停在离两国君主座位还有一级台阶的地方，挥起长袖怒斥道："我们两国的君主举行友好盟会，这样不合时宜的夷狄的舞乐为何在此！请命令有关官员赶快下令撤走！"齐景公心虚，挥手让他们离去。

过了一会儿，又有齐国官吏小跑进来奏请演奏宫中的舞乐。齐景公说："好。"这一次，有一些侏儒艺人调笑着上前而来。这种滑稽乐舞显然不适合两国会盟的

场合，甚至有侮辱国君的意味。孔子再一次迈开大步，停在齐景公座下一级台阶，大声呵斥："百姓中居然有胆敢蛊惑诸侯的，罪该诛杀！请命令有关官员执行！"可怜的侏儒艺人就这样被齐国利用而遭了殃，被当场处以刑罚。

孔子的表现让齐景公深受震撼，这位身材伟岸的大司寇在离他一个台阶的地方怒喝众人给他的冲击是前所未有的。这次会盟让齐景公颜面扫地，他自知理亏，回国后又是惊恐又是后悔，对群臣说："鲁国臣子用君子之道辅佐他们的君主，而你们只是用夷狄之道来教我，让我得罪了鲁君，这可如何是好呢？"齐国有几位明理的大臣上前回答说："君子有了过错就用实际行动来道歉，小人有了过错则用花言巧语来道歉。国君倘若真的对此感到恐惧，就用实际行动去道歉吧！"于是齐景公便归还了齐国所侵占的鲁国的郓、汶阳、龟阴之田来认错道歉。[20]

孔子在此事件中可以说是"文功武备"，不仅为鲁国取得了外交上的巨大胜利，也为自己的政坛生涯添上了浓墨重彩的一笔。

想一想

1. 你常常拒绝别人吗？什么时候会拒绝别人呢？如果碰到不容易拒绝的情况，你会怎么处理？

2. 如何评价孔子在齐鲁会盟上的表现？如果你处在他的境地，你会怎么做呢？

有趣的小知识

诸侯会盟

在古代分封制度下,强大的诸侯召集其他诸侯开会,商讨问题,达成协议,并被周天子承认为霸主,这个过程就被视为"会盟"。春秋战国时期有许多著名的会盟故事。如公元前279年,秦赵渑池会盟,宴会上秦王令赵王鼓瑟,赵国大夫蔺相如就请秦王击缶;秦王要赵王献出15座城池,蔺相如就请秦王献出国都咸阳,并以死相逼,秦王只好与赵国缔结休战盟约。这就是著名的蔺相如不辱使命的故事。再如,春秋时期的第一位霸主齐桓公曾经"九合诸侯,一匡天下"。周惠王想废掉太子郑,另立他爱妃的儿子为太子。公元前655年,齐桓公召集八国诸侯,在首止开会,订立了盟约,共辅太子。不久,周惠王死,太子郑即位,是为周襄王。齐桓公于公元前651年召集诸侯在葵丘会盟,周襄王感激齐桓公,赠他珍贵的车马弓箭和祭肉等。在此次会盟上,诸侯订立盟约,并规定:维护周王室,共同抵御外敌,各国要互相协作;不许更换太子,不许以妾代妻;等等。这个盟约对当时稳定封建秩序起了一定的作用。

堕[21]三都失败

夹谷会盟后，鲁定公对孔子更加信任，孔子终于获得了机会，开始推行他的政治主张。孔子以孝治家，以仁政治国，不到几年，便取得了很好的成果：国人安分守礼，路不拾遗，社会和谐有序，经济也蒸蒸日上。但是，鲁国三桓的实力仍然很强大，为了确立鲁国正统公室的权威，孔子辅助鲁定公策划实施了"堕三都"计划，希望能够借此机会削减三桓的实力。

"三都"位于鲁国的国都曲阜附近，指的是三桓各自割据领地的城堡，但当时已经被三桓的家臣们所控制。家臣们利用这些领地壮大自己的力量，甚至越过三桓干涉朝政。例如，早先就有阳货利用领地地堡囚禁季桓子的事件。因此，"堕三都"，摧毁这些城堡，表面上看是去除三桓家臣的威胁，并不会受到实际掌权者季桓子的反对。孔子审时度势，看到这是一个打击三桓势力的大好机会，便提出了这样的策略。他的理由是："臣子不可私藏武器，大夫不能拥有周长三百丈的城邑，现在三家已经超过这项规定，请下令减损它们。"[22] 当然，孔子内心肯定不是要帮三桓铲除异己，他的最终目的是借毁地而削弱三桓的势力，让大权重归鲁国国君。

果然，鲁定公十二年（前498），在鲁定公与三桓的支持下，"堕三都"计划最初执行得很顺利。第一个拆除的是叔孙氏的郈邑（今山东省东平县）领地城堡。

在拆除第二个领地——季孙氏费邑（今山东省费县）城堡时，他们遇到了激烈反抗。控制费邑的是季孙氏家臣公山不狃（niǔ），这也是个狠角色，野心不小，

他也曾经跟阳货一样想请孔子出仕，但是最后不了了之。这次要拆除他的老巢，公山不狃不遗余力地猛烈反击，并且还率领一队人马突袭到了鲁国国都曲阜。混乱之中，鲁定公与三桓的季孙氏、叔孙氏、孟孙氏匆匆躲入了季桓子的住宅。危难之间，孔子的武力值拉满，镇定指挥官兵反击，于姑蔑（今山东省泗水县）打败公山不狃，逼得公山不狃走上老友阳货的老路，逃奔去了齐国。终于，规模庞大的季孙氏费邑城堡也被拆除了。

但是，在拆除最后一个领地城堡——孟孙氏的成邑（今山东省宁阳县）时，三桓的态度有了微妙变化，他们渐渐领悟到拆毁自己的领地、剪除不忠的家臣，并未对自己有多大的利益，反而会让掌控权回到鲁定公手中。于是他们开始消极抵抗，不再配合孔子的计划。还记得孔子年轻时教过的孟懿子吗？孟懿子曾听从父亲病危时的劝告，与鲁人南宫敬叔一起向孔子学过礼仪，他就是当时孟孙氏的掌权者。管理他的领地成邑城堡的家臣公敛处父对他是很忠心的，不但在阳货之乱时救过他，而且这次也勇敢地站出来"背黑锅"。公敛处父让孟懿子表面上保持跟原来一样的态度，同意老师孔子的计划，自己则做这个反叛之人，奋力抵抗，力求城池"不隳"，为孟孙氏保留下这一壁垒。[23]

于是，孟懿子表面做好好先生，暗地里则支持公敛处父，从夏天到冬天，过了大半年的时间，成邑领地的城堡却毫发未损。鲁定公心中急切，于同年十二月，亲自出马带领军队围困成邑城堡，但是三桓只是消极观望，最后成邑城堡也没能拆除。"堕三都"计划最后功败垂成。

"堕三都"的失败，让孔子看清了三桓的真实面貌，他与当权的季孙氏的亲密合作期可以说到此为止了。作为大司寇，孔子明白自己一定要与掌握着鲁国实际大权的季孙氏合作才能推行自己的政治主张，他也曾经做过许多妥协和让步。有时候孔子与季桓子商讨事情，因为意见相左，两人不欢而散，孔子每次都紧接着又去登门求见。这样委曲求全的事发生过好几次，孔子的弟子们都很不理解。弟子宰予不高兴地说："从前我曾听老师说过：'王公不邀请我，我不去见他。'现在老师做了大司寇，日子不长，反而委屈自己去求见季桓子，这种事已经发生多次了。难道您不可以不去吗？"这个时候，内心痛苦的老师不能不向自己的弟子剖白深藏于心的想法。他说:"不错,我是讲过这样的话。但是鲁国社会中恃强凌弱、彼此暴力相向的不安定局面由来已久,而当局不去治理,必将大乱。危乱的时局需要我站出来负责,这岂不比任何邀请都更加郑重和紧迫吗?"㉔孔子是有大局观的,为了治国大业,他委曲求全与季桓子合作,也对季桓子抱有很大的期望,可是没想到在这次"堕三都"计划中,季桓子只是借机铲除公山不狃,关键时刻却一点不给力,未能站在孔子这一方。

另外,当时还发生了一件事情,让孔子对季桓子,甚至是鲁定公都感到深深的失望。齐国忌惮孔子治理下

的鲁国日益强大，于是按照齐国大夫黎鉏（chú）的建议，向鲁定公和季桓子发送"糖衣炮弹"，赠送了他们一批美女和骏马。中了"美人计"的鲁国君臣落入声色犬马的陷阱，开始怠于国政不上班了，季桓子甚至"三日不听政"。孔子是肯定无法接受道德上有严重污点的执政者的，至此，他对鲁国执政者彻底失望，愤而"裸辞"了"三把手"职位，带领一众亲近的弟子浩浩荡荡离开了鲁国，去寻找明君，开始了一段说走就走的游历生涯，这就是著名的"周游列国"。那年，孔子五十五岁。

想一想

1. 孔子为什么想要实施"堕三都"的计划？

2. "堕三都"为什么失败了？这说明了什么？

注释

① 古时候,人们用"伯仲叔季"这四个字来表示兄弟长幼排行的顺序。"伯"是老大,"仲"是第二个儿子,"叔"是第三个儿子,"季"是最小的。

② 孔丘,圣人(指商汤)之后……吾闻圣人之后,虽不当世,必有达者。今孔丘年少好礼,其达者欤?吾即没,若必师之。(《史记·孔子世家》)

③ 孔子之劲,举国门之关,而不肯以力闻。(《吕氏春秋·慎大览》)

④ 子谓子夏曰:"女为君子儒,毋为小人儒。"(《论语·雍也》)

⑤ 子入太庙,每事问。(《论语·八佾(yì)》)

⑥ 孔子学鼓琴师襄子,十日不进。师襄子曰:"可以益矣。"孔子曰:"丘已习其曲矣,未得其数也。"有间,曰:"已习其数,可以益矣。"孔子曰:"丘未得其志也。"有间,曰:"已习其志,可以益矣。"孔子曰:"丘未得其为人也。"有间,有所穆然深思焉,有所怡然高望而远志焉。曰:"丘得其为人,黯然而黑,几然而长,眼如望羊,如王四国,非文王其谁能为此也!"师襄子辟席再拜,曰:"师盖云《文王操》也。"(《史记·孔子世家》)

⑦ 仲尼虎掌,是谓威射。(《孝经·钩命诀》)

⑧ 于是退而与门人习射于矍(jué)相之圃,盖观者如堵墙焉。(《孔子家语·观乡射》)

⑨ 达巷党人曰:"大哉孔子!博学而无所成名。"子闻之,谓门弟子曰:"吾何执?执御乎?执射乎?吾执御矣。"(《论语·子罕》)

⑩ 子在齐闻《韶》,三月不知肉味。(《论语·述而》)

⑪ 子与人歌而善,必使反之,而后和之。(《论语·述而》)

⑫ 三百五篇孔子皆弦歌之,以求合韶武雅颂之音。(《史记·孔子世家》)

⑬ 自行束脩(xiū)以上,吾未尝无诲焉。(《论语·述而》)

⑭ 景公止孔子曰:"奉子以季氏,吾不能。"(《史记·孔子世家》)

⑮ 景公曰:"吾老矣,弗能用也。"(《史记·孔子世家》)

⑯ 子曰:"晏平仲善与人交,久而敬之。"(《论语·公冶长》)

⑰ 救民之姓而不夸,行补三君而不有。晏子,果君子也!(《晏子春秋·外篇》)

⑱ 曾子曰:"晏子可谓知礼也已,恭敬之有焉。"有若曰:"晏子一狐裘三十年,遣车一乘,及墓而反。国君七个,遣车七乘;大夫五个,遣车五乘。晏子焉知礼?"曾子曰:"国无道,君子耻盈礼焉。国奢,则示之以俭;国俭,则示之以礼。"(《礼记·檀弓下》)

⑲ 阳货欲见孔子,孔子不见,归孔子豚。孔子时其亡也,而往拜之。遇诸涂。谓孔子曰:"来,予与尔言。"曰:"怀其宝而迷其邦,可谓仁乎?"曰:"不可。""好从事而亟失时,可谓知乎?"曰:"不可。""日月逝矣,岁不我与。"孔子曰:"诺,吾将仕矣。"(《论语·阳货》)

⑳ 定公十年春,及齐平。夏,齐大夫黎鉏言于景公曰:"鲁用孔丘,其势危齐。"乃使使告鲁为好会,会于夹谷。鲁定公且以乘车好往。孔子摄相事,曰:"臣闻有文事者必有武备,有武事者必有文备。古者诸侯出疆,必具官以从。请具左右司马。"定公曰:"诺。"具左右司马。会齐侯夹谷,为坛位,土阶三等,以会遇之礼相见,揖让而登。献酬之礼毕,齐有司趋而进曰:"请奏四方之乐。"景公曰:"诺。"于是旍(jīng)旄(máo)羽袚(fú)矛戟剑拨鼓噪而至。孔子趋而进,历阶而登,不尽一等,举袂而言曰:"吾两君为好会,夷狄之乐何为于此!请命有司!"有司却之,不去,则左右视晏子与景公。景公心怍(zuò),麾而去之。有顷,齐有司趋而进曰:"请奏宫中之乐。"景公曰:"诺。"优倡侏儒为戏而前。孔子趋而进,历阶而登,不尽一等,曰:"匹夫而营惑诸侯者罪当诛!请命有司!"有司加法焉,手足异处。景公惧而动,知义不若,归而大恐,告其群臣曰:"鲁以君子之道辅其君,而子独以夷狄之道教寡人,使得罪于鲁君,为之奈何?"有司进对曰:"君子有过则谢以质,小人有过则谢以文。君若悼之,则谢以质。"于是齐侯乃归所侵鲁之郓、汶阳、龟阴之田以谢过。(《史记·孔子世家》)

㉑ 堕,䜣(huī),毁也。

㉒ 孔子言于定公曰:"家不藏甲,邑无百雉之城,古之制也。今三家过制,请皆损之。"(《孔子家语·相鲁》)

㉓ 使仲由为季氏宰,将堕三都,于是叔孙氏先堕郈。季氏将堕费,公山不狃、叔孙辄率费人袭鲁。公与三子入于季氏之宫,登武子之台。费人攻之,弗克。入及公侧。孔子命申句须、乐颀下伐之,费人北。国人追之,败诸姑蔑。二子奔齐,遂堕费。将堕成,公敛处父谓孟孙曰:"堕成,齐人必至于北门。且成,孟氏之保障,无成是无孟氏也。我将弗堕。"(《史记·孔子世家》)

㉔ 孔子为鲁司寇,见季康子,康子不悦。孔子又见之。宰予进曰:"昔予也常闻诸夫子曰:'王公不我聘则弗动。'今夫子之于司寇也日少,而屈节数矣,不可以已乎?"孔子曰:"然。鲁国以众相陵,以兵相暴之日久矣,而有司不治,则将乱也。其聘我者,孰大于是哉?"(《孔子家语·子路初见》)

| 第二讲 |

孔子其人其事
（下）

周游列国

说走就走的旅行听起来潇洒,实际操作起来难度可就大了。尤其是在走路全靠马和腿的春秋时期,要周游列国,其艰难可想而知。但为了实现自己的社会政治理想,孔子不畏艰险,带着弟子们一路辗转,拜访各地当权者。他们去了卫、曹、宋、郑、陈、蔡、楚诸国,范围大致在现在的山东省和河南省境内,向北未过黄河,最南边所到的楚境,在今天河南的信阳,耗时足足有十四年之久。

孔子有美德

孔子为实现理想周游列国,这种明知不可为而为之的精神以及所展现出的高尚品格,深受人们的赞赏。

有一次,子禽问师兄子贡说:"咱们的老师每到一个国家,总能了解到这个国家的情况,他是怎么做到的呢?是他自己打探来的呢,还是别人主动告诉他的呢?"子贡回答说:"老师温和、善良、恭敬、俭朴、谦让,别人都愿意把情况告诉他。"① **后来"温、良、恭、俭、让"这五种品行被当作美德典范,称为"儒家五德"。**

你看,孔子有美德,个人魅力多大啊!难怪许多君王跟他谈话,都觉得如沐春风,不知不觉就想向他请教呢!试想,如果一个人对别人蛮横无理,谁会跟他倾心交谈呢?正因如此,在周游列国期间,孔子才得以结交了蘧伯玉、史鱼这样的志士仁人,并且吸引了许多慕名而来的学生。这一时期,虽然颠沛流离,但苦也值得啊!

> **想一想**
> 1. 如果到了一个新的地方，你会通过什么方式了解环境？
> 2. 什么样的人比较容易吸引新朋友？
> 3. 孔子为什么能轻易了解到各国的情况？

被当作"吉祥物"

孔子周游列国的第一站是卫国。卫国虽是小国，但人才济济，经济相当繁荣。孔子刚一进入卫国，就感叹道："卫国人口众多啊！"弟子冉有问："人口多了以后应该怎么做呢？"孔子说："让他们富裕起来。"冉有再问："富裕以后又该做什么呢？"孔子说："教育他们。"②

孔子当时看到了卫国社会的不足之处，也是很想有一番作为的。当时孔子的大弟子子路的妻兄在卫国做官，他马上引荐孔子拜见了卫灵公。卫灵公早闻孔子盛名，热情接待了孔子，寒暄过后，他就开门见山地问：

"鲁国给先生的俸禄是多少啊？"孔子回答："六万斗小米。"卫灵公毫不含糊，随即也奉上同等待遇。[3]按照当时的计量方法，一斗大约为15斤，也就是说孔子的年薪大概有9万斤粮食，这是可以养活近100人的口粮啊！《论语·雍也》中曾经记载，子思给孔子当管家，薪酬是900斗小米，当时子思都认为太多了。孔子的俸禄是管家薪酬的66倍……哇！这是妥妥的高薪了！

但是，慷慨归慷慨，卫灵公对孔子的仁政理念并不感兴趣，他只不过把孔子当作"吉祥物"而已，所以也没有对孔子委以重任。不久，卫灵公听信了小人的谗言，担心孔子动机不纯，于是派人监视孔子的日常行动。面对如此不信任自己的卫灵公，孔子当然也很失望，只好招呼着弟子们收拾行李离开了卫国。

尴尬见南子

在奔波于列国之间时，卫灵公释放善意，孔子又回到卫国，遇到了他人生中最重大的道德上的考验，那就是与卫灵公夫人南子的尴尬会面。南子是著名的美女，深受卫灵公宠爱，但是名声不佳，为世人所不齿。她听说具有圣人之称的孔子来到卫国，为了给自己博取虚名，便派人召孔子进宫。孔子内心应该是很矛盾的，他本不愿意见这样的人物，但毕竟是君主夫人召见，如果拒绝则是失礼不敬。于是，孔子不得不进宫去见南子。南子将自己围在帷幔之中，行礼时礼服上珠环翠绕的首饰叮当作响，想必也是隆重打扮了一番。不过，孔子秉持着非礼勿视的原则，只按礼数参见完毕就匆匆离开了。回来后，孔子看出大弟子子路因为这件事不高兴，

> 非礼勿视，非礼勿听，非礼勿言，非礼勿动。

急得还发起誓来:"我如果做了什么不妥的事,那就让上天厌弃我吧!让上天厌弃我吧!"④可见,孔子也是非常担心这样的会见毁坏自己的名声啊!

困于匡、宋

　　离开卫国后,孔子一行人打算去陈国,但是在路过匡城时遇到了误会,身材高大的孔子被误以为是杀掠过匡城的阳货而受到围困。他们被困在那里有五天之久,处境十分危险,孔子却神色坦然地说:"周文王虽已逝去,但礼乐文化并没有丧失,现在不都在我们这里吗?上天如果想要灭亡这个文化,就不会让我们能够认知并负起传承的责任。既然天意如此,那匡人又能把我怎么样呢?"⑤甚至孔子还带领弟子抚琴歌咏,用和谐优雅的音乐声向匡人传达自己的友好之意,让匡人卸下了疑虑,撤兵解围。连庄子都赞叹:"懂得困厄潦倒是命中注定,知道顺利通达乃时运造成,面临大难而不畏惧,这就是圣人的勇敢啊!"⑥

少年爱哲学：仁与善的世界

> 怎么样？孔子的自信、智慧和胆识，是不是与施展空城计的诸葛亮有一拼呢？

在宋国，孔子也曾遇到过威胁生命的险情，可以说真的是与死亡擦肩而过！鲁哀公三年（前492）夏日的某一天，孔子在一棵大树下给弟子们讲习礼仪。宋国权臣桓魋（tuí）得知这个消息后，为了报复孔子批评他劳民伤财，越矩造棺椁，居然命人砍伐那棵大树，驱赶孔子一行人。当时情形十分紧

> 不怕，上天给了我使命，也会保佑我。

> 让你批评我！

> 老师，快跑呀！树要倒啦！

迫，弟子们都互相催促赶紧离开，孔子却自信地表示："上天既然赋予了我道德使命，桓魋他又能把我怎么样呢！"⑦孔子在危难面前一直保持着不忧不惧的态度，这就是"仁者无忧，勇者无惧"的君子之风吧！

但由于不明事理的宋人逼迫甚紧，他们不得不紧急离开，连夜赶往郑国。路上，孔子竟与弟子们失散了，只好孤零零一个人等在城门口。还记得郑国人是怎么形容孔子当时的样子，孔子又是怎么反应的吗？孔子听到郑国人形容自己像"丧家之犬"，哈哈大笑，认为人家说得挺形象。孔子的勇气和气量，确实令人佩服啊！

厄于陈、蔡

在曲折的旅程中，孔子一行最煎熬的其实是"厄于陈蔡"那次饿肚子的经历，那是实实在在的生活上的困顿。

陈、蔡是夹在吴国和楚国两大国之间的两个中原小国，位于现在的河南省境内。孔子在郑国受到冷遇之后，在陈国住了三年左右，也是被当作"吉祥物"一样看待，未得重用。鲁哀公六年（前489），吴国大举进攻陈国，陈国又陷入兵荒马乱之中，孔子一行人避乱离开了陈国。这时，楚昭王正出兵救援陈国，他听说了孔子的去向，于是派人来聘请孔子。

陈国和蔡国的大夫们一听都坐不住了，他们虽然不重用孔子，但是却担心楚国重用孔子会对己方不利，这大概有一点"我不用的，你也别想拥有"的无赖心理吧！基于这种莫名其妙的无赖想法，陈、蔡两国派人把孔子一行人围困在一个前不着村后不着店的地方，断绝了他们与外界的联系。

孔子和弟子们身上带的粮食没几天就吃光了，他们一行在野外被困了七天，有人甚至都饿得爬不起来了。子路坐不住了，带着情绪问老师："君子也有陷于困境之时吗？"孔子说："当然有，不过君子遭受困顿时能坚守气节，小人一遭穷困就胡作非为了。"当时跟在孔子身边的都是最亲近的弟子们，子路、颜回、子贡、子游等孔门十哲都在其中，这一场饥困困住的简直是儒家学者的所有核心成员啊！有的学者甚至感慨说，"厄于

陈蔡?之时可以说是整个中华文化最脆弱的时刻。

危难时方显英雄本色,困境中方见君子品格。孔子作为团队领袖、精神导师,在关键时刻给予了弟子们巨大的精神支撑。五谷粮食不够,精神食粮管饱。孔子每日与弟子们慷慨激昂地讨论理想与远方,并且诵诗奏乐、弦歌不绝,用音乐鼓励弟子们,撑过了这一段最困苦的时光。⑧ 幸运的是,最后子贡等人突围联络上了楚军,众人终于得以解困。

楚昭王曾表示过要重用孔子,打算将七百里土地封给孔子,但是却受到异母兄长子西的阻拦,理由是担心孔子门下人才众多，重用孔子反而可能为自己树敌。而且，楚昭王在孔子到达楚国的同一年就去世了。唉，这就是孔子与楚国没缘分吧！

鲁哀公六年（前489），楚昭王去世后，六十三岁的孔子和弟子们又从楚国到了卫国，大约五年之后回到鲁国。

孔子周游列国十四年，困顿时多，顺意时少。春秋列国争雄，把持朝政的权臣众多，在他们眼中，维护正统的孔子是眼中钉、肉中刺，必欲拔之而后快，所以孔子一行一路上危机四伏，好几次与死神擦肩而过。而各国的君主大多只是看重孔子道德高尚、博闻强识的盛名，为了显示自己爱惜人才、礼贤下士而与孔子亲近，其实心里并不赞成孔子恢复周礼、仁政治国的理念，所以孔子的理想一个也没有实现。然而，十四年的颠沛流离却撒下了儒家思想的种子，只待来日发芽开花。

> **想一想**
>
> 1. 你在焦虑、不如意的时候会烦躁吗？那会做什么事情来排解自己的情绪呢？
>
> 2. 如果你是一个团队的领袖，在完成一项工作的过程中遇到困难，你要怎么带领大家走出困境呢？

有趣的小知识

叶公派导游带孔子观光游玩

孔子一行人到达楚国边镇负函（今河南信阳，一说叶县）的时候，大将沈诸梁亲自安排他们的食宿，并派人陪同孔子在负函城观光游玩。沈诸梁曾经当过叶城的地方长官，因此也被称为"叶公"，著名的寓言故事"叶公好龙"说的就是他。叶公是一位贤士，也是受人爱戴的好官。

设讲坛、修《春秋》，落叶归根

在孔子周游列国的这些年，鲁国的发展并不理想。季桓子去世之前终于流露出悔恨之意，回想当年孔子辅佐鲁国国君执政的那几年，他感叹道："以前我们这个国家眼见着就要强盛起来了，可是没想到由于我的失误，让孔子怪罪，这才是我国难以兴盛的原因啊！"⑨所以，他只好把希望寄托在下一代接班人季康子身上。他叮嘱季康子说："以后你一定要想办法把孔子召回

来。"季康子谨记父亲临死前的教诲,在主政之后很快提拔孔子的弟子冉求做了家臣,然后再让冉求去迎接孔子回鲁国。于是,鲁哀公十一年(前484),六十八岁的孔子结束了十四年周游列国的飘零岁月,落叶归根,从卫国回到了鲁国。

孔子回到鲁国之后,被尊为"国老",主政者季康子多次向孔子"问政",但这只是一种向外表现自己有仁德的姿态,他还是跟大多数君主权臣一样,只是表面上尊重孔子的名声地位,实际上把孔子当作"吉祥物"而已。孔子提出的"轻徭薄赋""为政以德"等治国理念根本得不到实现。季康子依旧不顾百姓疾苦,加重赋税,横征暴敛,近古稀之年的孔子至此真正放弃了从政的念头。

孔子悲叹现实社会圣人难逢,政治清明无望,自己的政治追求也可以结束了。⑩他似乎是相信命运了,他说:"道之将行也与,命也;道之将废也与,命也。"(《论语·宪问》)但孔子并不抱怨命运,而是不断学习,不断追求真理,⑪政治上的失意并没有打倒他,在"从心所欲不逾矩"的晚年,孔子把他余生的岁月完全

投入到文化教育事业上，编订古籍，培养弟子。这是最后丰收的季节。

在这一阶段，孔子整理了《尚书》《仪礼》《周易》《乐经》等不少文化典籍，并修订了中国历史上第一部编年体史书——《春秋》。

另外，他延续了对音乐的热情，继续研究音乐和诗歌，对当时流传的3000多首诗歌进行了整理和编辑，最终挑选改编了三百零五首[12]，编订为《诗经》。

> 搞政治不如修书。

鲁哀公十六年（前479），孔子病倒了，临终之时，他用最爱的音乐与弟子优雅地告别，对前来看望的子贡唱起歌谣："泰山要倒了，梁柱要断了，哲人要像草木一样，朽烂了！"⑬七天之后，这位中国文化史上最伟大的人物永远离开了这个世界，享年七十三岁。

> 我就要离去，你不要哭泣……

孔子逝世后，他的很多弟子守墓三年，子贡守墓六年，还有弟子和当地人把家搬到孔子墓旁，儒生也常常在那里演习礼仪，鲁国也世世代代祭奠孔子。

孔子的一生跌宕起伏、坎坎坷坷，但他始终勤勉好学、自强不息、奉献耕耘。孔子认定了自己传承周代文化道统的使命，知其不可而为之。尤其在十四年长长短短的旅行中，数次被困，屡遭挫折，几度陷入险境，孔子每次都坦然面对，积极进取，乐观向上。花甲之年仍然满怀激情,设坛讲学,修订古籍,为中华文化留下了非常宝贵的文化遗产。这样的人生态度、这样的精神气质,为身边的弟子们树立了最好的榜样。孔子的弟子,如子路、颜渊、子贡等人,后来都成为儒家文化、中华文明的优秀传承者。

想一想

1. 请你为孔子设计一个社交媒体账号简介。

2. 如果孔子会发微博,你觉得他发的第一条微博可能是什么?

注 释

① 子禽问于子贡曰:"夫子至于是邦也,必闻其政。求之与?抑与之与?"子贡曰:"夫子温、良、恭、俭、让以得之。"(《论语·学而》)

② 子适卫，冉有仆，子曰："庶矣哉！"冉有曰："既庶矣，又何加焉？"曰："富之。"曰："既富矣，又何加焉？"曰："教之。"（《论语·子路》）

③ 孔子遂适卫，主于子路妻兄颜浊邹家。卫灵公问孔子："居鲁得禄几何？"对曰："奉粟六万。"卫人亦致粟六万。（《史记·孔子世家》）

④ 夫人在絺（xī）帷中。孔子入门，北面稽首。夫人自帷中再拜，环佩玉声璆（qiú）然。孔子曰："吾乡为弗见，见之礼答焉。"子路不说。孔子矢之曰："予所不者，天厌之！天厌之！"（《史记·孔子世家》）

⑤ 子畏于匡，曰："文王既没，文不在兹乎？天之将丧斯文也，后死者不得与于斯文也；天之未丧斯文也，匡人其如予何？"（《论语·子罕》）

⑥ 孔子游于匡，宋人围之数匝，而弦歌不辍。子路入见曰："何夫子之娱也？"孔子曰："来，吾语女。我讳穷久矣，而不免，命也；求通久矣，而不得，时也。当尧舜而天下无穷人，非知得也；当桀纣而天下无通人，非知失也：时势适然。夫水行不避蛟龙者，渔父之勇也；陆行不避兕（sì）虎者，猎夫之勇也；白刃交于前，视死若生者，烈士之勇也；知穷之有命，知通之有时，临大难而不惧者，圣人之勇也。由处矣！吾命有所制矣！"无几何，将甲者进，辞曰："以为阳虎也，故围之；今非也，请辞而退。"（《庄子·秋水》）

⑦ 孔子去曹适宋,与弟子习礼大树下。宋司马桓魋欲杀孔子,拔其树。孔子去。弟子曰:"可以速矣。"子曰:"天生德于予,桓魋其如予何?"(《史记·孔子世家》)

⑧ 在陈绝粮,从者病,莫能兴。子路愠见曰:"君子亦有穷乎?"子曰:"君子固穷,小人穷斯滥矣。"(《论语·卫灵公》)
孔子不得行,绝粮七日,外无所通,藜羹不充,从者皆病。孔子愈慷慨讲诵,弦歌不衰。(《孔子家语·在厄》)

⑨ 季桓子病,辇而见鲁城,喟然叹曰:"昔此国几兴矣,以吾获罪于孔子,故不兴也。"(《史记·孔子世家》)

⑩ 子曰:"凤鸟不至,河不出图,吾已矣夫!"(《论语·子罕》)

⑪ 子曰:"不怨天,不尤人,下学而上达,知我者其天乎!"(《论语·宪问》)

⑫ 《诗经》除了收录305首诗歌外,还收录了6首诗歌的篇名,但是没有内容,即有目无辞。

⑬ 孔子因叹,歌曰:"太山坏乎!梁柱摧乎!哲人萎乎!"(《史记·孔子世家》)

| 第三讲 |

孔门弟子

孔子作为天下第一名师、万世师表，培养的学生们可以说有质有量。孔子三十岁左右开办私学广泛授徒，从事教育四十余年，据说培养了三千多名弟子，其中精通六艺的有七十二位，被称为"七十二贤"。[①]孔子晚年回到鲁国专心授学的时候，环顾四周，身边优秀的弟子们或已离世，或已走上仕途，他半是感慨，半是欣慰，感叹道："当年跟随我游历各国，经历过陈、蔡之困的，都不在我眼前了！"他列出了十位最欣赏的弟子，后人称这十位为"孔门十哲"。孔子根据这些弟子们的特点，给他们分了科目：在德行上颇为突出的有颜渊、闵子骞、冉伯牛、仲弓；在外交辞令上颇为优秀的有宰我（宰予）、子贡；在政事上颇有才能的是冉有、季路（子路）；精通文献、在文学上颇有造诣的是子游、子夏。[②]这十位得意门生不仅被老师"点名"，还被老师分了不同的特长小组，可见孔子对他们的喜爱、亲近和了解。

最亲近的弟子——子路

平时我们怎么定义"亲近"呢？作为一名学生，如果可以跟老师"没大没小"，耍耍小脾气，是不是可以说明师徒的关系亲如父子呢？这位敢跟孔子耍脾气、使小性子的学生就是子路。

子路（前542—前480），姓仲，名由，字子路，又字季路。他比孔子小九岁，很早就跟随在孔子左右，算是孔门中的老大哥了。子路出身贫寒，侍奉父母极其孝顺，《二十四孝》中记载了他百里负米养亲的故事。不

过他小时候个性粗鲁，勇猛好斗，装扮特立独行，头上戴着像公鸡一样的帽子，身上佩戴着公猪形状的饰物，招摇过市，这是妥妥的一个"杀马特"青年装扮啊！他还曾对孔子不恭敬，"陵暴孔子"。是不是很吓人？孔子呢，却用礼仪教化的大道理让子路心服口服。就这样，问题青年子路被孔子收服，从此拜孔子为师，成为追随孔子最久的弟子。③

子路性格耿直，在跟随孔子周游列国期间常常直言不讳，给老师提意见，甚至直接黑脸给老师看。哇，我们会想，孔子不会喜欢这样的学生吧？恰恰相反，孔子对这位耿直不阿的弟子非常喜爱。因为子路的直言虽然有时令孔子尴尬，却也常常令孔子警醒，从而避免犯错。例如，公山不狃在费邑时曾经请孔子出仕，子路不悦，孔子连忙解释，后来也没去成。孔子见了卫国名声不佳的南子夫人后，子路也是一副不悦的神色，逼得孔子向天发誓说自己绝无邪念。当佛（bì）肸（xī）反叛赵简子，派人召请孔子时，子路更是直接反对。有这样一位耿直敢言的学生适时质疑和提醒，对孔子来说是非常幸运的。孔子也意识到这一点，说："自从我得到仲由，就再也听不到恶言恶语了啊！"④ 有耿直的子路在身边，就没有人敢在孔子身边进谗言了。

在孔子的众多弟子中，子路算是一位老大哥，最苦最累的活儿，往往都是子路去做。在周游列国期间，身高马大的子路既负责驾车，又负责保护孔子的安全，还时常第一个被遣去问路。子路一路打探的模样颇有行者孙大师兄的风范呢。嘻嘻……

孙悟空保唐僧西天取经，一路降妖除魔，功劳最大，是不是？可挨师父骂最多的是不是也是猴哥？干苦活累活的子路也经常挨骂。例如，孔子晚年有一次病重,弟子们手足无措不知道怎么办,急性子的子路脑袋一拍,组织弟子成立了"治丧委员会",准备大操大办。没过几天孔子病愈,听说了子路不合礼制的治丧方式,气得把子路臭骂了一通。⑤而子路不是不懂这些礼数,他是因为孔子曾经做过鲁国大司寇,所以想以大夫之礼为孔子高调治丧,以示尊敬。从这件事也可以看出子路对孔子的崇敬,在他心中孔子的地位可远胜过任何大夫诸侯啊!尽管如此,如果不符合礼数,孔子是不会姑息的,也可见孔子遵礼之严格。

孔子骂子路可不止这一回,《论语》中提到弟子名字次数最多的就是子路,训斥最多的也是他,偶尔表扬一回,还得赶紧再打压一下,生怕子路沾沾自喜、过于自满。例如,有一次孔子感慨地说:"道不行,乘桴(fú)浮于海。从我者,其由与?"(《论语·公冶长》)意思是说:如果有一天大道不行,乘竹筏漂流天涯的时候,跟在我身边的一定会是子路。这是把子路当作自己最知心、最贴心的弟子了吧!子路听了后简直乐开了花,害得孔子赶紧加上一句:"由也好勇过我,无所取材。"(《论语·公冶长》)意思是:仲由勇敢精神超过了我，但不善于裁度事理。

还有一次，子路在孔子门下弹瑟，可能音乐中有杀伐之声，或者纯粹学艺不精不够入耳。孔子有些不满，

> 哈哈！是不是很像父母夸奖淘气的孩子，看到孩子得意忘形后赶紧加一句："别骄傲，还有进步空间哦！"

说："仲由这样弹瑟，为什么要来我的门下呢？"孔子的其他学生因此有点瞧不上子路，不再尊重他。孔子发现后又赶紧补上一句，说："仲由的学问啊，升堂还未入室，已经具备规模，只是还不够精深罢了。"⑥你看，这像不像自己的孩子自己说得而别人说不得？孔子对子路真的是一片严父之爱啊！

别看子路个性莽撞天真，其实他还是非常有才干的。孔子曾经认真地夸赞子路的办事能力："片言可以折狱者，其由也与？"（《论语·颜渊》）只根据一面的证词就可以判决诉讼案件，这不仅说明子路有智慧和判断力，也说明人们在子路面前不会弄虚作假做伪证。《论语·颜渊》中说，"子路无宿诺"，这可以说是对子路诚信的最高评价了。而且，子路也擅长政事，孔子

曾称赞他"千乘之国，可使治其赋也"（《论语·公冶长》）。在给十位孔门模范生分科目的时候，子路也是被分到了政事科。

子路曾经担任过卫国蒲邑（现河南省长垣市）宰，充分发挥治理方面的长才，勤政爱民，深受爱戴。例如他率领民众开挖了河道，由于选址精确，这条河渠至今还发挥着排灌农田的作用。孔子路过蒲地的时候，刚进入子路管辖的地界，就说："好啊！仲由恭敬而讲诚信。"再进入到城邑，孔子又说："好啊！仲由忠信而敦厚。"最后到了子路的官署，孔子又赞说："好啊！仲由明察而果断。"子贡不明白，在马上握着缰绳问道："先生您还没有了解仲由的政事，就接连三次称赞他。到底好在哪里，您可以说给我听听吗？"孔子说："其实我已经看到他是怎样执政的了。进入蒲地，看到田地得到整治，荒地得到开辟，沟渠深挖，这说明他为政恭敬而诚信，所以能够带领百姓全力劳作；进入城邑，看到城墙房屋都完整坚固，树木茂盛，那都是因为他忠信敦厚，所以当地百姓也一定是毫不懈怠，辛勤工作；最后进入蒲地官署，看到官署内清静悠闲，手下人都听从命令，这说明他遇事明察而果断，所以他处理政事毫不烦劳。由此看来，仅仅三次称赞他的为政功绩，哪能全部概括他好的方面呢？"⑦

哇！这三连赞简直是对为政者最高的赞美了啊！如果孔子当面这样夸赞子路，还当着另一位全能弟子子贡的面夸奖他，子路大概会兴奋到飞起来吧！

子路的最后时刻是十分悲壮的。鲁哀公十五年（前480），卫国发生内乱，当时在卫国的人都弃主而逃，而子路却独自冒死返回卫国都城去救援。在激战中，子路寡不敌众，临死前帽子被敌人击落，子路从容地说："君子即使死去，帽子也不能掉到地上。"他系好帽缨后英勇就义，被乱刀剁成肉酱。⑧孔子闻讯后在庭院里大

声哀号恸哭，从此再也不吃肉酱。[9] 约一年之后，孔子便与世长辞了。子路舍命不舍义，也可谓得了孔子真传。

子路拜师四十余年，他的生命早已与孔子的生命紧密联系在一起。如果说其他弟子得到了老师的知识和学问，那他则得到了老师亲人般的疼爱。子路一生忠勇诚信、磊落从容，不愧为代表了儒家弟子阳刚气质的孔门大师兄。

想一想

1. 子路讲义气、勇于行动，在孔门弟子中最像"战士"。可孔子却告诫他"君子义以为上"。你认为行动力和判断力哪个更重要？

2. 孔子没有无条件"宠爱"子路，甚至有时当众指出他的缺点。你希望你的老师是"温和型"的，还是"严格型"的？你如何看待"批评中带爱"的教育方式？

3. 子路在卫国辅佐国君，因忠诚守职而死。你认为，这是忠还是悲？忠诚是否永远值得赞美？有没有"过度忠诚"的时候？

有趣的小知识

冠

冠，指帽子。中国古代未成年男子只束发不戴帽子，长到20岁，要行"冠礼"，标志成年了，可以戴帽子了。戴帽子也是身份的标志，大夫以上的人戴帽子，平民戴头巾。在公开场合，帽子是不可以随意摘下来的，犯了罪的人才要摘下帽子。由此可以明白子路为什么舍命也要戴好帽子了吧！

先秦贵族子弟的"冠礼"相当隆重，受冠者要分别戴三种帽子：缁布冠、皮弁（biàn）、爵弁，而且还要配上相应的服饰。

缁布冠　　皮弁　　爵弁

缁布冠，就是一顶黑布罩在外面的帽子，看起来古朴庄重，贵族和平民子弟都可佩戴。皮弁和爵弁比较贵重，意味着受冠者可以参与政治事务、参与宗庙祭祀。

最欣赏的弟子——颜回

如果说在孔门弟子中有哪一位能让子路小小不服气的话,那就非颜回莫属了。

颜回(前521—前481),姓颜,名回,字子渊,又称颜渊、颜子,是孔门大家庭里的一位小师弟,比孔子小了整整三十岁。因为父亲颜路曾跟随孔子学习,受益匪浅,所以他从小就被父亲送到孔子那里接受教育,是孔子看着长大的。孔子文武双全,各项全能,子路继承了老师勇武的一面,颜回则完全继承了孔子仁善好学的一面。

颜回勤学不倦,善于举一反三,不仅让师兄弟们敬佩,也常常得到孔子的嘉许,属于父母口中那种"别人家的孩子"。有一次,孔子问子贡:"你跟颜回比,哪个厉害些?"子贡很有自知之明,回答说:"我哪里比得上颜回呀?颜回听到一件事就能推知十件事,而我听到一件事只能推知两件。我比不上颜回。"孔子说:"是比不上,我与你都比不上颜回啊!"[10]这虽然有孔子自谦的成分，但也能从侧面看出颜回的学问与才能。

　　这位孔门的模范生并不是从小就佼然出众的。颜回少言寡语，常常静静地听老师讲解。孔子甚至抱怨过这位弟子太过于顺从，他说："颜回这个人啊，看来不是对我有帮助的人呢！他对我所讲的没有不欣然接受的。"⑪后来孔子通过更深的接触与观察，了解到颜回内秀于心，又说："我跟颜回一起探讨问题，即使说上一天的话，他也从不表示不同意见，好像一个愚笨之人。但从他独处时的行为做派来看，他把我平时讲的道理又做了充分的发挥。颜回这个人并不愚笨啊。"⑫这可谓大智若愚了吧！以他的学习能力和精神，如果只能评选一位孔门奖学金获得者的话，那这个人一定就是颜回。

　　在《论语》中，子路的名字被提及次数最多，可是得到老师褒奖最多的，则是颜回。孔子每次提到颜回，好像不使劲儿夸一夸他就无法尽情表达自己的喜爱之情。有一天，孔子又表扬颜回说："任用我们，我们就好好地做事、实现理想。不任用我们的话，我们就安稳地隐藏起来。大概只有我和你颜回能够做到这一点吧！"这时候，子路的心理活动大概是："怎么又又又是他，什么时候轮到我……"子路实在不服气，问孔子说："先生，您若是带领军队打仗，要带着谁一起去呀？"子路以为这次孔子想到的肯定是自己，没想到孔子看穿了子路心里的小九九，有点调侃地说："赤手空拳去与老虎搏斗，舍弃船只徒步跨越大河，死了也不后悔的这种人，我才不会跟他一起去呢！一定是那种面临任务小心谨慎，精于谋划办事的人，我才跟他在一起。"⑬孔子的心声大概是："别乱想，这个莽夫说的就是你啊，仲由！"

作为一名学习标兵，颜回不仅上课听讲认真，还善于请教。他向孔子请教什么是"仁"、怎么治理国家，还向其他同学请教，互相学习。他的朋友曾子曾经说颜回："自己有才能却向没有才能者请教，自己多学识却向少学识者请教；有却好像无，充实却好像空虚，被人冒犯了也不计较——从前我的朋友就曾这样做。"⑭

大家看看这样的形容是不是套在孔子身上也相当贴切呢？颜回的好学不倦、不耻下问，多么像他的老师啊！

除了学习之外，颜回的品行也十分高洁，完全符合孔子推崇的理想君子人格。他出身贫寒，饮食简陋，居住在破旧巷子中，过着别人受不了的艰苦生活，却能一心向学，自得其乐，是中国传统文人安贫乐道精神的典范。⑮

不过，在对颜回还没那么了解时，孔子也曾经误会过他，还差点委屈了颜回。那是在周游列国期间发生的事。当时孔子一行人受困于陈、蔡，七天没有尝过米饭的滋味，饿得只好白天躺着静养休息。某日中午，颜回讨来一些米煮饭。饭快要熟的时候，孔子大概想去查看一下，没想到却看到颜回用手抓取锅中的饭吃。孔子当下装作没看见，没有挑破这件事。当颜回进来请孔子吃饭时，孔子站起来意有所指地说："刚才我做了个梦，在梦里已故的父亲告诉我，洁净的食物要先献祭他才能进食哦！"颜回一听，连忙解释说："不行啊！刚才煮饭时已经有煤灰掉到锅里了，抓出来丢掉实在太浪费粮食，所以我就把弄脏的饭粒拿起来吃了。"孔子这才明白颜回的好意，他叹息道："人可信的是眼睛，而眼睛也有不可靠的时候；人可依靠的是心，但心也有不足靠的时候啊！弟子们记住，了解一个人不是一件容易的事呢！"⑯

颜回是孔子的爱徒，也是孔子的知音。孔子宣扬的大道不被世人采纳，他虽然很苦恼，但仍然到处奔波，不辞辛劳地到处宣讲，颜回对此颇为理解。

有一件事也是发生在厄于陈、蔡之时。当时大家饥肠辘辘，饿得爬不起来，虽然孔子仍然坚持讲诵、弦歌不辍，但是其他弟子根本无心听讲，连人高马大的子路都发起了牢骚，聪慧能干的子贡也面露不悦，只有身体羸弱的颜回还在认真听讲。孔子看到弟子们心有迷茫，想借机启发他们，于是把三位得意门生一个个叫来，提问："《诗经》上说，不是犀牛，不是老虎，为何奔走在旷野之中？这难道是我们宣扬的仁道错了吗？我们为什么落到如此地步？"子路认为可能是因自身德行、智谋不够，子贡觉得老师可以降低要求来迎合为政者。这两个回答都没让孔子满意。而颜回的回答完全符合孔子"知其不可而为之"的坚持，让孔子一下子觉得找到了知音。颜回是这样说的："老师您的道至大，所以天下没人能理解、能接受。即便如此，您还是要把仁道推行下去，不被理解、不被接受又有什么关系呢？这种世道，不被接受才显示出君子的本色。不修道、不推行道是我们的耻辱；道已经大修，而诸侯不用，这是诸侯们的耻辱。不被理解、不被接受，又有什么关系呢？不被接受才显示出君子的本色。"听了颜回的回答，孔子高兴得开起了玩笑："是这样吗？颜家的好小子啊，如果你有很多钱，我要给你去当管家哦！"⑰

颜回身体羸弱，孔子一直很牵挂他。有一次孔子被困在匡地，颜回却走散了，孔子担心再也见不到他，心里又气又急。好不容易等到颜回回来，孔子冲着他来了一句："我还以为你死了呢！"颜回知道老师为自己着急，就回答道："您还在，我怎么敢死呢？"⑱

这一句玩笑话没想到后来变成了现实。在孔子七十

岁那年,他心爱的弟子颜回还是走在了他的前面,享年四十岁。失去颜回的孔子哭得极为伤心,悲痛地呼喊道:"天啊!上天要断送我啊!上天要断送我啊!"身边人都担心他过度悲伤,孔子却说:"真的悲痛过度了吗?我不为这个人悲痛,又能为谁悲痛呢?"[19]在颜回死后,孔子难过地说,自己的弟子中再没有像他那样好学的了。[20]孔子每每想到颜回都感到十分惋惜,他说:"可惜啊!我只看见他不断地前进,从没见过他停止啊!"[21]确实,按照颜回的才华能力,他本有可能成为孔子思想的最佳继承者,只可惜天妒英才啊!

想一想

1. 如果你是老师,会喜欢颜回这样的学生吗?为什么?

2. 孔子说,有时候连眼睛见到的也不见得是真实的。你同意吗?为什么?

有趣的小知识

颜氏家族的名人
——书法大家颜真卿

大家还记得孔子的母亲姓什么吗？对，孔母姓颜，与颜回应该有一定的亲戚关系。据说当时孔门有八位颜氏弟子，其中以颜回最为杰出。孔氏家族与颜氏家族一直保持着密切的联系，自汉代以来，颜回就配享孔子庙，接受帝王的祭祀。颜氏家族几百年来也一直延续繁荣，而且代有才人，家学成就十分卓著，其中唐代著名的书法家颜真卿就是颜氏后人。颜真卿不只是赫赫有名的书法家，更是一位文武全才的唐代名臣，他人如其字，正气浩然，后来在叛军营中坚贞一志，威武不屈，英勇就义。

最全才的弟子——子贡

《论语》是孔子与弟子的对话集,孔子思想之精华就体现在这些对话中。你们猜,在《论语》中,孔子与哪位弟子的对话最多?这位弟子不是子路,也不是颜回,而是子贡!据统计,《论语》中,子贡参与的谈话有19次,而总爱第一个举手发言的子路排在第二,参与了16次。

子贡(前520—前446),姓端木,名赐,字子贡,也作子赣。他出身富商家庭,年纪与颜回相仿,是孔子身边年轻有为的一位重要弟子。

《史记·仲尼弟子列传》记载:"子贡利口巧辞,孔子常黜其辩。"子贡口齿伶俐,擅长辩论,孔子经常被他辩得理屈词穷。平日里子贡与老师相处的情形,大概就是我们所说的"相爱相杀"吧!有时候孔子心情不悦,不想说话,子贡会坚持不懈地问老师:"先生您不说话,那我们这些弟子咋办啊?"逼得老师只好说:"你看看老天爷都没说话啊!"[22]还有一次,子贡听到老师评论公冶长等几位弟子,又是君子又是可托付女儿什么的,赶紧凑过来问:"老师觉得我怎么样啊?"孔子知道子贡的心思,不咸不淡地来了句:"你呀,是一个器具。"老师的意思是,只有才、有用还不够,还得多修养品性,谦逊敦厚才能到达君子的境界。不料子贡还是追问:"什么器具?"孔子又好气又好笑地说:"宗庙里盛粮食的祭器——瑚琏。"[23]瑚琏是相当精美的玉器,确实符合八面玲珑的子贡的形象。所以,子贡在老师面前就是一个聪明能干又有点小傲娇的孩子,喜欢强辩,脑筋灵活转得快,谁能不喜爱这样的弟子呢?

如果说子路尚武,颜回尚文,那么子贡就是一位学业事业两不误的全方位实用型人才。他不仅跟随孔子

第三讲 | 孔门弟子

刻苦求学,而且还在课余时间经营商业,货贱时囤积,价高时出售,把握商机十分准确,年纪轻轻就成了那个时代的大富豪。㉔据《史记》记载,子贡后来在卫国做官,也在曹国和鲁国之间经营进出口贸易,他乘坐四马并辔齐头牵引的车子,携带束帛厚礼去访问、馈赠诸侯,所到之处,国君与他只行宾主之礼,不行君臣之礼。越王勾践甚至"除道郊迎,身御至舍",为他清扫道路,亲自迎接至国宾馆下榻,可见其地位之显赫。(《史记·仲尼弟子列传》)

有经济实力的子贡不遗余力地推动和宣扬孔子的思想,对儒家思想的发展起到了关键的作用。连司马迁都

感叹道:"使孔子得以名扬天下的原因,是有子贡在人前人后辅助他啊!这就是所谓得到形势之助而使名声更加显著吧!"㉕

子贡作为孔门首富、第一位儒商,在经商方面的才能确实无人能出其右。孔子虽然完全不懂经商,但是也并不反对以正当手段获利。提起安贫乐道的颜回和生财有道的子贡,孔子的话语中还带了些许无奈与调侃的味道,他说:"颜回呀,他的道德修养已近乎完美,可是他常常很贫困。端木赐不走仕途,而去做生意,猜测市场行情百发百中,十分顺利啊!"㉖而后世商界也十分推崇子贡"君子爱财,取之有道"的诚信经商风气,并且把儒商经营所应遵循的风气称为"端木遗风"。

作为言语科代表,子贡另一项旁人所不及的才华就是外交能力。他曾经凭借自己卓越的高智商斡旋于各国之间,拯救鲁国于危难之际。公元前484年左右,当时齐国的权臣田常有心叛乱,却担心国内其他几个大家族的势力,于是想调动他们的军队去攻打鲁国。孔子听说后赶紧集结弟子商讨对策,一开始就把这个任务说得艰巨又重要:"鲁国,是祖宗坟墓之所在,是养育我们的国家,如今到了如此危险的地步,你们几个人为什么不挺身而出呢?"话音刚落,子路第一个举手,子张、子石也请求前去,可是孔子都认为不合适。直到子贡站出来,孔子才答应了。原来老师心中早有担此重任的最佳人选了啊![27]

子贡首先到了齐国,他深知田常攻打鲁国的目的是借刀杀人,既然借刀杀人,就应该找个快刀啊!于是子贡劝说田常去攻打更为强大的吴国,因为吴王夫差是出了名的能打,这样齐国一定难以取胜。齐国其他臣子领兵在外,国内便无人再与之对抗,国君孤立,从而更加依赖田氏,田常的目的也就达到了。但是当时齐国军队已经开赴鲁国,田常担心现在从鲁国撤离转而进兵吴国,会引起大臣们的怀疑。于是,子贡对田常许诺说:"请您按兵不动,我会出使吴国请他们出兵援助鲁国抗齐,这样您就可以趁机出兵迎击吴国了。"

接下来,子贡就去游说吴王夫差,劝说吴国借救援鲁国显扬声名,并且以讨伐强齐来镇服晋国,从而使吴国获得最大利益。可是吴王表示:"我这边还有难缠的越国呢!越王勾践一心要报复我,等我先灭了越国再说！"子贡听了赶紧摆出一番大道理，说："勇敢的人不回避艰难险阻，仁慈的人不使受约束的人陷入困境，聪明的人不会失掉时机，称王的人不会让一个国家从世上灭绝，凭借这些来树立他们的道义。现在，通过保存越国来向诸侯显示您的仁德，通过救援鲁国、攻打齐国来给晋国施加压力，各诸侯国一定会竞相来朝见吴国的，这样您称霸天下的大业可就成了啊！"一番话说得好像吴国马上就可以当老大似的，吴王听着很是受用。紧接着，子贡还表示，自己会请求越国出兵追随吴国一起行动，吴王夫差高兴坏了，赶紧请子贡前往越国。

到了第三站越国，子贡的待遇就更高了。越王除道郊迎，还亲自驾车到子贡下榻的地方看望他。子贡帮助越王分析时局，认为吴越一战的最好机会就是在吴国攻齐之后。越王勾践听后大喜，他卧薪尝胆十余年就是为了灭吴啊！他立马答应按子贡的计策派兵，还要赠送给子贡黄金宝剑。子贡立刻表示拒绝，然后又匆匆上路。

子贡回到吴国汇报了越国的决定，随后去拜访另一位老大——晋国。晋国是与强齐实力不相上下的超级大国，如果晋国掺和进来跟齐国拉起同一阵线，吴国可就

没有任何胜算了。子贡直接对晋国预测了吴国胜败后的局势，认为吴国胜了一定会攻晋，而晋国最好的对策就是整理兵器，休养士卒，等候吴军。晋国一听自然是守株待兔最划算，对这场乱斗就暂时先作壁上观了。

最后战事的走向一如子贡预料的那样，吴王果然与齐国军队在艾陵作战，把齐国军队打得大败，接着率领军队逼近晋国边境。晋军准备充足，大败吴军。越王勾践趁机渡江袭击吴国，吴王听到这个消息，立刻离开晋国返吴，结果与越军交战三次都失败了，后来被越军包围了王宫。公元前473年，吴国灭亡。子贡这一次外交斡旋太绝了！他靠着不亚于纵横家苏秦、张仪的策略辞令，纵横捭阖、搅动乾坤，完全打破了各国局势，保

> 三千越甲可吞吴，其中肯定有西施的功劳，但子贡的贡献是不是也很大？

存了鲁国，扰乱了齐国，灭掉了吴国，使晋国更加强盛，越国从此称霸。公元前475年，春秋时代结束，战国纷争开始。《史记·仲尼弟子列传》记载了子贡的这些伟大事迹，但真实性还待考证。从太史公的记载中可以想见，子贡对当时战争局势的发展应该有着举足轻重的影响。

作为一名高智商、高情商、善雄辩、精处事的多金才子，子贡未免有恃才傲物的时候，他"喜扬人之美，不能匿人之过"，别人的优点他不吝夸赞，别人的缺点他也会快言快语地说出来。孔子看在眼里，常常不客气地撑㉘他两句。有一次，子贡又在滔滔不绝地道人是非，孔子直接撑他说："赐啊，你就这么完美吗？（你哪来那么多闲工夫？）我就没那么悠闲呢！"㉙

有一次，子贡有点小膨胀，感觉自己达到了老师要求的"恕"——"己所不欲，勿施于人"，自夸说："强加到我头上的我不愿意做的事情，我也不会去强加于人。"没想到孔子在旁边悠悠来了一句："赐啊，这事你还真做不到哦！"㉚哈哈！老师的小教鞭一抽，是不是让得意门生有点下不来台了？有一次，子贡又自我感觉良好，有点小嘚瑟㉛，直接问孔子："老师啊，您看有这么一个人：穷的时候不谄媚，富的时候不骄傲，你觉得这人怎么样？"孔子一听就明白了，这是变着花样求表扬哪！于是他故意说："也不咋样啊！"孔子的意思是，贫穷而依旧乐于求道，有钱而依旧谦逊有礼更好。子贡一听，马上联想到这和《诗》上说的做玉器不断琢磨、不断精进是一个道理。孔子听了很开心，心想聪明孩子就是会聊天，一点就透啊！他高兴地说："赐啊，现在我可以跟你谈《诗》了，你已经能举一反三了！"㉜你看，子贡最后还是求得了表扬呢！

子贡自年轻时就拜入孔门，跟随孔子二三十年，与老师的感情如父如子。公元前479年，孔子病重，子贡听到消息从外地匆匆赶回，到了门口，只见孔子拄着杖站在那里等他，老师像平时一样用责怪的语气说："赐啊，你怎么来得这么晚呢！"一声呼唤令人泪目，老师心心念念的弟子就是他啊！孔子去世后，众弟子守丧三年后纷纷离去，只有子贡在孔子墓前搭了一座草庐，又

守了三年。师徒之情深若此，怎么不让人动容！（《史记·孔子世家》）

孔子去世后，众弟子守丧、生活、编纂记录老师语录等的开销应该都是子贡承担的。子贡的地位崇高、声名显赫，也有不少人特意追捧子贡，认为他能力、功劳甚至超越了孔子，可是子贡每次都言辞激烈地维护老师，给予老师最高的评价，认为孔子的光辉如同日月，无人可及。㉝"天不生仲尼，万古如长夜"（《朱子语类》），<u>孔子是千百年来黑夜里的光辉，而让这光芒更加璀璨的，就是子贡这样的弟子啊！</u>

想一想

1. 你怎么理解"安贫乐道"和"生财有道"？这两者矛盾吗？为什么？
2. 孔子说"君子不器"，但现代社会越来越专业化、工具化。这与孔子倡导的矛盾吗？如果孔子生活在今天，他会怎么看待"内卷"？
3. 子贡的人生给你什么启发？

有趣的小知识

没点名的杰出弟子——曾子

曾子（前505—前435），名参，字子舆，是孔子晚年的杰出弟子。他的父亲也是孔子的学生，就是那位参加了著名的"各言其志"师生座谈会的曾点。曾子"青出于蓝而胜于蓝"，其成就远远超越了父亲，他参与编纂《论语》，编写《大学》《孝经》等作品，是春秋晚期的儒学大师，被后世尊为宗圣，是有资格配享孔子庙的四配[34]之一。孔子的孙子子思就是曾子的门人，几代父子互为师徒，儒家思想代代相传，这真是一件难得的美事啊！

最孝顺的弟子——闵子骞

一提到儒家的道德理念,就离不开孝顺,而孔子的弟子中有一个人是中国古代十大孝子之一,也名列孔门十哲之中,他就是闵子骞。

闵子骞(前536—前487),名损,字子骞,鲁国人,比孔子小十五岁。相传闵子骞死后葬于齐地,也就是现在的济南。后来墓地荒芜,人们又重新为他修建了衣冠冢。现在济南已经依托这个衣冠冢建立了"孝文化博物馆",也修建了一条以闵子骞命名的路——闵子骞路。

这位弟子与颜回一样,个性温厚安静,不爱说话,不过一说就击中要害,孔子评价他是"夫人不言,言必有中"(《论语·先进》)。在众多关于孝子的传说故事中,闵子骞的孝贤故事格外动人。因为他不仅孝顺亲生父亲,对百般刁难他的继母也事之以孝,其胸怀之宽真是非常人所及啊!

闵子骞的这位继母,简直就是迪士尼经典动画中的继母反派角色的翻版,闵子骞小时候受尽了虐待。在寒冷的冬天,继母给两个亲生儿子做暖和的衣服穿,却用不耐冷的芦花充当丝絮给闵子骞穿。闵子骞冻得手脚麻木却隐忍不发。结果父亲认为他个性懒惰、娇气软弱,居然用鞭子笞打他,一鞭子下去芦花飞扬,父亲才发现原来儿子遭受了虐待。父亲懊悔不已,气得要赶走继母,这时闵子骞跪下来哭求父亲:"母在一子寒,母去三子单!"在被继母虐待、父亲不分青红皂白鞭笞的情况下还能为两个同父异母的弟弟着想,这实在让人敬佩啊!难怪孔子也感叹:"孝哉,闵子骞!人不间于其父母昆弟之言。"(《论语·先进》)

从《论语·雍也》里的一处关于闵子骞的记载中,我们也可以看出他的品性。孔门十哲的排行榜上,闵子

骞的德行与颜回并称，靠的可不仅仅是至孝啊！

当时，鲁国的三桓之首季孙氏凌驾于国君之上，执掌大权，他听说闵子骞才能出色，想聘请他出任"费（bì）宰"这一官职，也就是费城的最高长官。闵子骞听说之后，坚辞不出，客客气气地对季孙氏派来的人说："请好好地为我推辞掉这件事吧！如果再有人为这事来找我，那我就要逃到汶水的北边去了。"㉟汶水即今天的大汶河，当时的汶水北边距离鲁国十分遥远，到那里去无异于与世隔绝，闵子骞这是坚决不肯同流合污啊！他的言行正符合孔子"道不同不相为谋"的理念，也难怪孔子如此看重这位品行高尚的弟子了。

以挨骂出名的弟子——宰予

"你真是朽木不可雕也！"这样骂人是不是显得文绉绉的？哈哈！这句话还有下半句："你真是烂泥扶不上墙啊！"怎么样？是不是更耳熟？你知道吗，这些经典的语句皆出自孔子之口，而挨骂的就是那个言语科的

另一位高徒——宰予。㊱

宰予（前522—前458），姓宰，名予，字子我，又名予我、宰我。他因为大白天睡懒觉而被老师痛骂，老师因此而反省自己："我最初对待一个人，听他说什么，我就相信他可以做到什么，现在我看一个人，不但要听他说什么，更要看他做什么。从宰予开始，我改变了看人的习惯啊！"㊲潜台词就是，这小子平时说得好听，可是做起事来可不是那么回事！

呼噜……呼噜……

朽木不可雕也！

其实，宰予凡事都有自己的思考，在听老师教导的同时也会表达自己的反对意见，是一位特立独行的弟子。例如，有一次在老师讲到服丧之礼时，他问道："一个人的父母死了，守孝三年，时间不是太长了吗？如果君子三年不熟习礼仪，礼仪必定会崩坏；三年不演奏音乐，音乐也一定会崩坏。一年的时间，陈旧的谷子都吃完了，新的谷子又成熟了，钻木取火的木材也可以换一遍了，所以守丧一年也就可以了。"这番话是不是逻辑缜密、颇有道理？孔子听了也不好直接反驳，只好从情感层面解释，对宰予说："只守丧一年，你内心安不安呢？"宰予心直口快地说："心安呀！"直接把孔子气得无言以对，只好跟他说："既然感到心安，那你就这样做吧！君子守孝期间，即使吃美味的食品也感觉不到甜美，听到动听的音乐也感觉不到高兴，所以君子才不这样（只守孝一年）呀！"在孔子看来，在这一点上宰予有点"离经叛道"了，于是直接骂他说："宰予不是个仁人君子啊！孩子生下来三年才能脱离母亲的怀抱。为父母守孝三年，是天下共同遵行的礼仪啊。"（《论语·阳货》）孔子有坚持古礼的理由，可是宰予是不是也很有道理呢？现在看来，他的意识反而有点超前了呢！

宰予喜欢思考，想问题甚至有点钻牛角尖。有一次，他在问"仁"的时候给孔子出了一个难题，他说："老师，如果有一位有仁德的人知道另一位有仁德的人不小心掉到井里去了，那么作为一名君子，他应该跳井救人吗？"这个问题的角度是不是够刁钻？哪有人跳井跟玩儿似的？别人跳，你也跟着跳，是不是傻？可是如果不跳是不是言行不一、见死不救？毕竟孔子说过要杀身成仁啊！孔子听了这样的问题也是哭笑不得，没好气地说："为啥要跳井啊？救人是没错（去井边也可以），可是为什么非要跳进去呢？君子可以被欺骗，但是不能被愚弄啊！"（《论语·雍也》）大家读出来这段话里的潜台词了吗？"宰予，你这是想愚弄谁呀？"

哈哈！这对师生的对话是不是妙语连珠，趣味十足？不过，宰予打破砂锅问到底的学习精神可是很可贵的哦！

想一想

1. 你觉得"孝顺"是不是就要"无条件服从"？如果父母做错了，或者处理问题不公平，是不是也不能反对？如果你是闵子骞，你会怎么做？

2. 如果一个学生特别顽劣或者懒惰，老师是否还要坚持教？如果你是老师，你会怎么做？

南方弟子的代表——子游

孔子门生多为齐鲁男儿，在孔门十哲中唯一的南方人就是子游。子游（前506—前443），姓言，名偃，字子游，吴国人，也就是现在的江苏省常熟人，后来他学成南归，在南方传播儒家思想，被后世誉为"南方夫子"。子游比孔子小四十五岁，是孔子晚年时期的得意门生。

子游聪敏好学，年纪轻轻就跟随孔子周游列国，想必也深受老师的喜爱，在关于"孝"的记载中，孔子对子游的解释可以说是最生动、最清楚的一个版本。有一天，子游想请老师谈谈什么是"孝"，孔子说了最著名的一个比喻："现在所谓的孝，是指能够'养'父母，可是就连狗与马，我们都能'养'。所以如果不能尊敬父母的话，又怎么区别这两个'养'呢？"㊳

在《论语》中，关于子游的记载不多，最有名的是他做父母官时的一个小故事。有一次，孔子路过鲁国的武城，听到境内到处都有弹奏管弦、演唱诗歌的声音，

第三讲 | 孔门弟子

孔子知道是子游在这里出任长官才会有这样的雅事,他心里应该是开心的,但是又想调侃一下这位弟子,就跟子游说:"杀鸡何必用宰牛的刀呢?"子游正色道:"这是因为从前我听先生说过,君子学习礼乐之道,就会爱护他人,施行德政;百姓学习礼乐之道,就会遵法守纪,使政令得以推行啊!"孔子听了立刻收起调侃的语气,认真地说:"学生们,言偃的话说得很对啊!先前我说的话只是开个玩笑罢了!"[39]你们看,子游学以致用的能力是不是特别强呢?

颇有独创精神的弟子——子夏

与子游并列在文学科的是子夏。子夏（前507—？），姓卜，名商，字子夏，也是孔子晚年的弟子，比孔子小四十四岁。子夏对文学的领悟力极强，是被孔子称赞为可以启发自己，一起讨论《诗经》的优秀学生。

子夏与老师讨论的是《诗经》里的这两句："巧笑倩兮，美目盼兮，素以为绚兮。"[40]这是形容美丽容颜的诗句："笑靥如花多么娇美啊，黑眸流转多么明澈啊，素白的面庞相称着绚丽的美颜。"用现在的大白话来说就是，素颜美丽，上妆更是天仙呀！孔子对这几句话的解释是，"先有素色的白底作为基础，然后可以在上面施彩绘画"。子夏马上悟出了引申义，问孔子说："是不是礼仪也是产生在仁义之后的事情？"孔子非常欣慰，高兴地说："卜商，现在可以和你讨

> 有深度的学者就是不同，子夏通过这几句诗居然悟出了修身治学的大道理呢！

论《诗》了！"㊶

子夏的文学才能还体现在出"金句"上。他留给世人最有名的金句大概就是"四海之内皆兄弟"这句话了。这句话是他对同门司马牛说的。

当时宋国大夫桓魋骄横跋扈、犯上作乱，害得家人被迫出逃，他的弟弟司马牛逃到了鲁国，拜到孔子门下，不再承认桓魋是自己的哥哥。因为有这样的家庭背景，司马牛常常忧心忡忡，当他问孔子什么是君子时，孔子告诉他，要不忧不惧，而且要问心无愧。司马牛又忧虑地感慨说："唉！别人都有兄弟，可是我却无兄无弟，只有孤单一人。"子夏安慰他说："我听人说'死生有命，富贵在天'。君子只要对待所做的事情严肃认真，不出差错，对人恭敬而合乎于礼，那么，全天下的人都可以当成自己的兄弟。君子何愁没有兄弟呢？"㊷子夏可能想说的是："兄弟，我们都挺你！"想必司马牛听到这番言论，也会感受到同门情谊胜似兄弟般的温暖吧！

子夏说过的另一个"金句"是"仕而优则学，学而优则仕"（《论语·子张》）。但是他自己并未出

仕，而是一心治学授徒，在传播、解释文献典籍上贡献最大，还培养了大批弟子，其中最为著名的就是魏国开国之君、战国头号改革家魏文侯和战国著名军事家、与"兵圣"孙武并称"孙吴"的吴起，以及法家始祖、撰写第一部系统法典《法经》的李悝（kuī）。由此可见，真的是"名师出高徒"啊！

冉氏之光，一门三贤
——冉耕、冉雍、冉求

孔子弟子三千，有父子同为孔门弟子的，也有兄弟同入孔门的，像冉氏家族父子兄弟十余人都入孔门学习的还真不多见，尤其是其中三位被列入孔门十大弟子，实属冉氏之光啊！

冉耕（前544—？），字伯牛，为人端正，擅长待人接物，曾在孔子晋升为司空时，继任中都宰摄宰事，

政绩显著,孔子周游列国时,他也伴随左右。但可惜的是,回到鲁国不久,他就病逝了,令孔子深感痛心。

冉雍(前522年—?),字仲弓,也是一位品行敦厚、谨言慎行、以德行著称的弟子,曾经得到过孔子"雍也可使南面"(《论语·雍也》)的评价。要知道坐北朝南的位置可是最尊贵的,一般是天子、诸侯、卿大夫等高官的位置。孔子认为,以仲弓的德行才能,足以从政治国了。他曾经短暂担任过鲁国季氏私邑的长官,但是他的谏言不为当政者所用,于是辞职回到老师身边,一直相伴孔子左右。后来,荀子把冉雍与孔子一并称为"大儒",高度评价了冉雍的品性和才能。荀子认为"大儒"在显达时能够实现政治抱负,在困顿时也能够保持高尚的品德和声誉,他们的精神和品德永恒不朽,即使在乱世中也不会被玷污,孔子和冉雍就是其中的典范。[43]

冉求(前522—?),字子有,可以说是一位比较务实又多才多艺的弟子,也是除了子路、子贡之外,仕途最为顺利的弟子。在跟随孔子周游列国时,他就被鲁国的权臣季康子作为人才召回国内,担任季氏的大总管。鲁哀公十一年（前484），齐国攻打鲁国，兵临城下，冉求身先士卒，以步兵执长矛的突击战术击退敌军，战功彪炳，因此也为孔子返鲁创造了条件。

在孔子回到鲁国后，冉求在处理朝政之余，常常登门受教。但是他身为季氏辅臣，并没有拦着季氏做一些僭越之事，而且在征伐小国颛臾、征敛田赋方面也没有对季氏提出反对意见，反而助之。这让孔子对他非常不满，好几次大声斥责他说："非吾徒也，小子鸣鼓而攻之，可也。"（《论语·先进》）嚯，这是叫上大家伙一起攻击他呀！可见老师气得不轻。冉求对此的解释是自己能力不足，无法制止季氏的行为。孔子一语道破说："如果一个人能力不足，可能会中途放弃，而现在的问题是你根本连试都没试啊！"[44]冉求听了无言以对，不过也没有露出任何不满的神色，对老师仍然如同以往一样恭敬有礼。大概冉求知道自己没有"知其不可而为之"的勇气，但是对孔子又怀有深深的理解和敬佩吧！

> **想一想**
>
> **1.** 你觉得孔子的学生里谁最像现代的"学霸"？谁最像"社牛"？谁最像"社恐"？你会愿意跟哪一位做朋友？为什么？
>
> **2.** 孔子的这十位得意门生如果生活在当代社会，你觉得他们会适合做哪方面的工作？为什么？

有趣的小知识

孔子待弟子们如同自家孩子，该骂的时候也是毫不留情，而且言简意赅。比方说，他曾经说"子羔憨直（愚），曾参鲁钝（鲁），子张偏激（辟），子路鲁莽（喭）"⑮，用一个字就概括了弟子们的个性。他也会根据弟子们的性格特点和学习能力的强弱进行分层教育。在《论语》中常常看到不同弟子问同一个问题，孔子会给出深浅不一的回答。

注释

① 孔子以诗书礼乐教，弟子盖三千焉，身通六艺者七十有二人。（《史记·孔子世家》）

② 子曰："从我于陈、蔡者，皆不及门也。"德行：颜渊，闵子骞，冉伯牛，仲弓。言语：宰我，子贡。政事：冉有，季路。文学：子游、子夏。（《论语·先进》）

③ 子路性鄙，好勇力，志伉（kàng）直，冠雄鸡，佩豭（jiā）豚，陵暴孔子。孔子设礼稍诱子路，子路后儒服委质，因门人请为弟子。（《史记·仲尼弟子列传》）

④ 孔子曰："自吾得由，恶言不闻于耳。"（《史记·仲尼弟子列传》）

⑤ 子疾病，子路使门人为臣。病间，曰："久矣哉，由之行诈也！无臣而为有臣，吾谁欺？欺天乎？且予与其死于臣之手也，无宁死于二三子之手乎！且予纵不得大葬，予死于道路乎？"（《论语·子罕》）

⑥ 子曰："由之瑟，奚为于丘之门？"门人不敬子路，子曰："由也升堂矣，未入于室也。"（《论语·先进》）

⑦ 子路治蒲三年，孔子过之，入其境，曰："善哉由也，恭敬以信矣。"入其邑，曰："善哉由也，忠信而宽矣。"至庭，曰："善哉由也，明察以断矣。"子贡执辔而问曰："夫子未见由之政，而三称其善，其善可得闻乎？"孔子曰："吾见其政矣。入其境，田畴尽易，草莱甚辟，沟洫深治，此其恭敬以信，故其民尽力也；入其邑，墙屋完固，树木甚茂，此其忠信以宽，故其民不偷也；至其庭，庭甚清闲，诸下用命，此其言明察以断，故其政不扰也。以此观之，虽三称其善，庸尽其美乎？"（《孔子家语·辩政》）

⑧ 子路曰:"君子死而冠不免。"遂结缨而死。(《史记·仲尼弟子列传》)

⑨ 孔子哭子路于中庭。有人吊者,而夫子拜之。既哭,进使者而问故。使者曰:"醢(hǎi)之矣。"遂命覆醢。(《礼记·檀弓上》)

⑩ 子谓子贡曰:"女与回也孰愈?"对曰:"赐也何敢望回?回也闻一以知十,赐也闻一以知二。"子曰:"弗如也,吾与女弗如也。"(《论语·公冶长》)

⑪ 子曰:"回也非助我者也,于吾言无所不说。"(《论语·先进》)

⑫ 子曰:"吾与回言终日,不违,如愚。退而省其私,亦足以发,回也不愚。"(《论语·为政》)

⑬ 子谓颜渊曰:"用之则行,舍之则藏,惟我与尔有是夫!"子路曰:"子行三军,则谁与?"子曰:"暴虎冯河,死而无悔者,吾不与也。必也临事而惧,好谋而成者也。"(《论语·述而》)

⑭ 曾子曰:"以能问于不能,以多问于寡;有若无,实若虚;犯而不校——昔者吾友尝从事于斯矣。"(《论语·泰伯》)

⑮ 子曰:"贤哉,回也!一箪食,一瓢饮,在陋巷,人不堪其忧,回也不改其乐。贤哉,回也!"(《论语·雍也》)

⑯ 孔子穷乎陈、蔡之间，藜羹不斟，七日不尝粒，昼寝。颜回索米，得而爨（cuàn）之，几熟。孔子望见颜回攫取其甑中而食之。选间，食熟，谒孔子而进食。孔子佯为不见之。孔子起曰："今者梦见先君，食洁而后馈。"颜回对曰："不可。向者煤炱（tái）入甑中，弃食不祥，回攫而饭之。"孔子叹曰："所信者目也，而目犹不可信；所恃者心也，而心犹不足恃。弟子记之，知人固不易矣。"（《吕氏春秋·审分览·任数》）

⑰ 孔子知弟子有愠心，乃召子路而问曰："《诗》云'匪兕匪虎，率彼旷野'。吾道非耶？吾何为于此？"子路曰："意者吾未仁邪？人之不我信也。意者吾未知邪？人之不我行也。"孔子曰："有是乎！由，譬使仁者而必信，安有伯夷、叔齐？使知者而必行，安有王子比干？"子路出，子贡入见。孔子曰："赐，《诗》云'匪兕匪虎，率彼旷野'。吾道非邪？吾何为于此？"子贡曰："夫子之道至大也，故天下莫能容夫子。夫子盖少贬焉？"孔子曰："赐，良农能稼而不能为穑，良工能巧而不能为顺。君子能修其道，纲而纪之，统而理之，而不能为容。今尔不修尔道而求为容。赐，而志不远矣！"子贡出，颜回入见。子曰："回，《诗》云'匪兕匪虎，率彼旷野'。吾道非邪？吾何为于此？"颜回曰："夫子之道至大，故天下莫能容。虽然，夫子推而行之，不容何病？不容然后见君子。夫道之不修也，是吾丑也；夫道既已大修而不用，是有国者之丑也。不容何病，不容然后见君子。"孔子欣然而笑曰："有是哉，颜氏之子！使尔多财，吾为尔宰。"（《史记·孔子世家》）

⑱ 子畏于匡，颜渊后。子曰："吾以女为死矣！"曰："子在，回何敢死？"（《论语·先进》）

⑲ 颜渊死，子曰："噫！天丧予！天丧予！"颜渊死，子哭之恸。从者曰："子恸矣！"曰："有恸乎？非夫人之为恸而谁为！"（《论语·先进》）

⑳ 季康子问："弟子孰为好学？"孔子对曰："有颜回者好学，不幸短命死矣，今也则亡。"（《论语·先进》）

㉑ 子谓颜渊曰："惜乎！吾见其进也，未见其止也。"（《论语·子罕篇》）

㉒ 子曰："予欲无言！"子贡曰："子如不言，则小子何述焉？"子曰："天何言哉？四时行焉，百物生焉，天何言哉？"（《论语·阳货》）

㉓ 子贡问曰："赐也何如？"子曰："女，器也。"曰："何器也？"曰："瑚琏也。"（《论语·公冶长》）

㉔ 子贡善居积，意贵贱之期，数得其时，故货殖多，富比陶朱。（《论衡·知实》）

㉕ 子赣既学于仲尼，退而仕于卫，废著鬻财于曹、鲁之间。七十子之徒，赐最为饶益。原宪不厌糟糠，匿于穷巷。子贡结驷连骑，束帛之币以聘享诸侯，所至，国君无不分庭与之抗礼。夫使孔子名布扬于天下者，子贡先后之也。此所谓得势而益彰者乎？（《史记·货殖列传》）

㉖ 子曰："回也其庶乎？屡空。赐不受命，而货殖焉，亿则屡中。"（《论语·先进》）

㉗ 田常欲作乱于齐，惮高、国、鲍、晏，故移其兵欲以伐鲁。孔子闻之，谓门弟子曰："夫鲁，坟墓所处，父母之国，国危如此，二三子何为莫出？"子路请出，孔子止之。子张、子石请行，孔子弗许。子贡请行，孔子许之。（《史记·仲尼弟子列传》）

㉘ 撑，方言，顶撞、反驳的意思。

㉙ 子贡方人。子曰："赐也贤乎哉？夫我则不暇。"（《论语·宪问》）

㉚ 子曰："赐也，非尔所及也。"（《论语·公冶长》）

㉛ 嘚瑟，因得意而向人显摆、炫耀之意。

㉜ 赐也，始可与言《诗》已矣，告诸往而知来者。（《论语·学而》）

㉝ 叔孙武叔语大夫于朝曰："子贡贤于仲尼。"子服景伯以告子贡。子贡曰："譬之宫墙，赐之墙也及肩，窥见室家之好。夫子之墙数仞，不得其门而入，不见宗庙之美，百官之富。得其门者或寡矣。夫子之云，不亦宜乎！"（《论语·子张》）

叔孙武叔毁仲尼。子贡曰："无以为也！仲尼不可毁也。他人之贤者，丘陵也，犹可逾也；仲尼，日月也，无得而逾焉。人虽欲自绝，其何伤于日月乎？多见其不知量也。"（《论语·子张》）

陈子禽谓子贡曰："子为恭也，仲尼岂贤于子乎？"子贡曰："君子一言以为知，一言以为不知，言不可不慎也。夫子之不可及也，犹天之不可阶而升也。夫子之得邦家者，所谓立之斯立，道之斯行，绥之斯来，动之斯和。其生也荣，其死也哀。如之何其可及也？"（《论语·子张》）

㉞ 古人认为有四人有资格配祀孔子庙，这四人被称为四配，又称四公、四圣：复圣公——颜回、述圣公——子思、宗圣公——曾参、亚圣公——孟轲。

· 117 ·

㉟ 季氏使闵子骞为费宰，闵子骞曰："善为我辞焉！如有复我者，则吾必在汶上矣。"（《论语·雍也》）

㊱ 宰予昼寝，子曰："朽木不可雕也，粪土之墙不可杇也！于予与何诛？"（《论语·公冶长》）

㊲ 子曰："始吾于人也，听其言而信其行；今吾于人也，听其言而观其行。于予与改是。"（《论语·公冶长》）

㊳ 子游问孝。子曰："今之孝者，是谓能养，至于犬马，皆能有养，不敬，何以别乎？"（《论语·为政》）

㊴ 子之武城，闻弦歌之声。夫子莞尔而笑，曰："割鸡焉用牛刀？"子游对曰："昔者偃也闻诸夫子曰：'君子学道则爱人，小人学道则易使也。'"子曰："二三子！偃之言是也。前言戏之耳。"（《论语·阳货》）

㊵ 今传本《诗经·硕人》中只有前两句，但是今传本《诗经》并非足本，所以"素以为绚兮"这句是否出自《诗经》尚存争议。

㊶ 子夏问曰："'巧笑倩兮，美目盼兮，素以为绚兮。'何谓也？"子曰："绘事后素。"曰："礼后乎？"子曰："起予者商也！始可与言《诗》已矣。"（《论语·八佾》）

㊷ 司马牛问君子。子曰："君子不忧不惧。"曰："不忧不惧，斯谓之君子已乎？"子曰："内省不疚，夫何忧何惧？"司马牛忧曰："人皆有兄弟，我独亡。"子夏曰："商闻之矣：死生有命，富贵在天。君子敬而无失，与人恭而有礼，四海之内，皆兄弟也。君子何患乎无兄弟也？"（《论语·颜渊》）

㊸ 通则一天下，穷则独立贵名，天不能死，地不能埋，桀跖之世不能污，非大儒莫之能立，仲尼、子弓是也。（《荀子·儒效》）

㊹ 力不足者，中道而废，今女画。（《论语·雍也》）

㊺ 柴也愚，参也鲁，师也辟，由也喭（yàn）。（《论语·先进》）

| 第四讲 |

《论语》中的闪光点

在与弟子们的日常相处、对话探讨中，我们看到了一位有血有肉、形象丰满的孔子，也逐步了解了孔子为人处世的原则、对人生的思考及治国安民的政治主张等，这些师生对话的珍贵记录在孔子弟子们及再传弟子们的整理下，结集成册，形成了这本伟大的经典——《论语》。有人说，半部《论语》就可以治天下。哇，孔子说的话这么厉害！那么《论语》里究竟说了什么呢？现在我们就来看看吧。

学：不亦说乎

生而为人，我应该……别急，你是不是还没想好到底应该做一个什么样的人？一个好人？一个优秀的人？工程师？科学家？企业家？……无论具体职业是什么，谁都想实现自己的价值，做一个有价值的人，是不是？其实，在《论语》里，孔子已经很清楚地告诉弟子们：**要想做一个有价值的人，第一步要做的事就是——学习**。不管你的人生方向是什么，或者还在思考人生方向，首先你要做的就是多问多学多知。

孔子作为伟大的思想家、教育家，他认为通过礼仪教化，让人们成为有爱心、遵礼法的君子，就可以实现天下大治，所以他特别重视教育，重视学习。

针对当时豪门贵族对教育的垄断，孔子提出"有教无类"（《论语·卫灵公》），即主张不分高低贵贱，人人都应该受教育。把文化教育扩大到平民，这在当时无疑是一场文化上的革命。他对学生"因材施教"，即根据个人特点教授知识。而且，孔子给学生讲授的内容可谓包罗万象：仁义，道德，礼仪，中庸……他教学生们读六经——《诗》《书》《礼》《乐》《易》《春秋》，学六艺——礼、乐、射、御、书、数。而今，这些教育思想已经成了人们的共识。孔子的学生是不是"德智体"全面发展呢？孔子的超前意识你佩服不？

不仅孔子的教育理念影响中国几千年，孔子对学习态度、学习方法等的精彩论述，也鼓励着历代莘莘学子在学习之路上步步前行。

例如，《论语》开篇第一句话就是"学而时习之，不亦说乎"（《论语·学而》）。开宗明义，指明了学习是一件非常快乐的事情。孔子又说："知之者不如好之者，好之者不如乐之者。"（《论语·雍也》）意思是说，对于任何学问和事业，懂得不如喜爱，喜爱又不如热爱。所以，只有把学习当作快乐的事并体验到学习的快乐，从而满怀热情地去学习，才能真正做好学问、干好事业。

孔子自己十五岁就志于

> 你是不是也会根据自己的兴趣爱好来学习？你能不能发现学习中的乐趣呢？如果还没有，那就从现在开始吧！

学，而且喜欢默默地记住所学的知识，学习不觉得厌烦，教人时也不知道疲倦。① 他还曾经很自信地说，附近可能有像自己这样忠诚守信的人，但是他们可能都不如自己更好学。② 当叶公问子路，孔子是一位什么样的人时，子路一时不知如何概括。孔子告诉子路可以这样形容自己："他用功学习到连吃饭都会忘记，快乐到会忘记忧愁，不知道衰老的到来。"学习可以忘忧，让人乐在其中，甚至"朝闻道，夕死可矣"，这就是孔子的学习态度，实在是令人敬佩！③ 从前面说的孔子跟著名音乐家师襄学习古琴的故事，也可以看出孔子的学习态度是多么认真了！

只有热爱还不够，还需要方法。《论语》里不止一次提到了应该怎么学习，那就是不耻下问、持之以恒、举一反三、谦虚谨慎。孔子以博学多才闻名，但是他说自己并非天赋异禀，而是通过不断勤恳求学来获取知识。孔子称赞孔文子"敏而好学，不耻下问"（《论语·公冶长》），他自己何尝不是如此呢？记得《论语》中我们最熟悉、最著名的那句话吗？"三人行，必有我师焉。"（《论语·述而》）孔子认为，三个人同行，其中必定有值得学习的"老师"。可是万一就那么不巧，左边村中恶霸，右边街头混混，那我们到底要怎么拜师啊？圣人也做不到吧！哈哈，其实孔子也没有强人所难的意思，后面还有具体做法："择其善者而从之，其不善者而改之。"（《论语·述而》）三个人同行，选取别人的优点而学习，如发现别人的缺点，则引以为戒并加以改正。

你看，孔子没有站在道德制高点让别人一定要怎么样，而是反观自身，先看看自己有没有同样的问题。如果自己一身毛病，再去挑别人的刺儿，理不直、气也不壮，对不对？

孔子学无常师，择善而从，曾经向许多贤士请教学习，据说他还曾经向老子问过礼。想必他们谈论的一定不仅仅是礼。除了名人贤士，《论语》中还记载了几位有趣的狂人隐士，他们有的在孔子车旁狂歌"往者不可谏，来者犹可追"，劝人避世；有的直接奚落孔子师徒"四体不勤，五谷不分"。他们身处乡野，与孔子明明不是一条道上的人，可是每次孔子遇到或者听说这样的人都很想去搭话、去交流，孔子真是求知若渴啊！遇到明显会给自己白眼的隐士,孔子也照样积极应对,这大概也是一种了不起的"社牛"属性吧!④

你知道"学如逆水行舟,不进则退"这句名言吗?这句话是从孔子说的"学如不及,犹恐失之"(《论语·泰伯》)变化而来的。因为强烈的求知欲会让人永远谦虚谨慎,从不自满,学习时就像总是在追赶什么那样充满进取心,学到了知识又怕忘记,所以才要"学而时习之"。孔子还把学习比喻成堆土成山,如果只差一筐土就完成了,自己却停下来,这座山是不是就堆不成了?功亏一篑都是自己造成的啊!

当然，如果开始填坑、平整土地，即使只倒下一筐土，只要自己下定决心继续填，还是可以做成的。是否要坚持不懈也完全是出于自己的决定。⑤你们看，这样的进取心，是不是连愚公看到了也要敬三分啊？

想一想

1. 如果要三人同行，你愿意跟谁同行？你想跟孔子同行吗？为什么？

2. 如果你是孔子的学生，而你看到他对子路很严厉、对颜回很宽容，你会怎么想？你会觉得不公平吗？还是认为这是"因材施教"？

3. 孔子说的"有教无类"是不是一种公平教育？公平教育意味着"机会公平"，还是"结果公平"？你更支持哪一种？

4. 孔子强调"学而时习之，不亦说乎"，以古喻今，你觉得今天学习的目的是什么？

《论语》名言名句

- 有教无类。(《论语·卫灵公》)

- 学而不厌,诲人不倦。(《论语·述而》)

- 发愤忘食,乐以忘忧。(《论语·述而》)

- 温故而知新。(《论语·为政》)

- 学而不思则罔,思而不学则殆。(《论语·为政》)

- 知之为知之,不知为不知,是知也。(《论语·为政》)

- 三人行,必有我师焉。择其善者而从之,其不善者而改之。(《论语·述而》)

- 学而时习之,不亦说乎?有朋自远方来,不亦乐乎?人不知而不愠,不亦君子乎?(《论语·学而》)

- 知之者不如好之者,好之者不如乐之者。(《论语·雍也》)

仁：仁者爱人

有的同学会问，这个"仁"是不是我们平常说的"苹果仁"的"仁"？对，就是这个字！"仁"是果实的种子，在孔子这里，也是他的哲学的种子、核心。《论语》中记载了许多弟子请教关于"仁"的话题，孔子多次说到"仁"：

> 樊迟问仁。子曰："爱人。"（《论语·颜渊》）
>
> 樊迟问仁。子曰："居处恭，执事敬，与人忠。虽之夷狄，不可弃也。"（《论语·子路》）
>
> 仲弓问仁。子曰："出门如见大宾，使民如承大祭。己所不欲，勿施于人。在邦无怨，在家无怨。"（《论语·颜渊》）
>
> 子张问仁于孔子。孔子曰："能行五者于天下为仁矣。""请问之。"曰："恭，

> 宽，信，敏，惠。恭则不侮，宽则得众，信则人任焉，敏则有功，惠则足以使人。"（《论语·阳货》）

简单地说，"仁"，就是爱护他人；做事谨慎，认真负责，与人交往真诚，即使到了野蛮落后地区也是如此；平时生活态度庄重，尊敬他人，自己不喜欢的不要强加于人，于国于家做事都要让人家不抱怨。

孔子的话貌似简单，其实内涵丰富，奥妙无穷，要真正做到也是很不容易的呢！

先说说政治层面上，"仁"就是要求统治者爱护百姓，实行仁政。

记得孔子的那次齐国短暂游吗？在去齐国的路上，发生了一件让孔子刻骨铭心、难以释怀的事，就是大家熟知的"苛政猛于虎"的故事。一位妇人有三位家人都死于猛虎之口，然而她仍然不愿意离开这个猛虎出没的危险之地，只因为这里没有严苛的赋税。唉！苛政猛于虎啊！孔子感叹，也更坚定了他要传播德治仁政的信念。[6]

孔子反对猛于虎的苛政，主张为政者应该爱民如子，不滥杀无辜，不横征暴敛，轻徭薄赋，使人民安居乐业。他认为，如果为政者是一位心地善良、道德高尚的人，民众会纷纷效仿，自然就会形成良好的民风。这就是"德治"。为政者用道德教化治理国家，就会像北斗星被众星拱卫一样被群众拥护。⑦

子贡向孔子问政，孔子说："足食，足兵，民信之矣。"（《论语·颜渊》）有充足的粮食、军备以及人民的信任，这是治国的根本。这三项里边，人民的信任是最重要的，"民无信不立"（《论语·颜渊》）。而要想取得人民的信任，为政者就必须加强自身的道德修养，所谓"修己以安百姓"（《论语·宪问》）。

有一次，季康子向孔子请教如何治国理政，孔子说："'政'就是'正'的意思，只要你走正道、干正事，谁敢不走正道、干正事呢？"⑧孔子认为，为政者如果行为正直，不下命令，老百姓也会自觉执行；如果执政者行为不端，即使下命令，老百姓也不会执行。⑨

又有一次，季康子问孔子说："把无道的人都杀掉，只留下（以成全）有道德的人，咋样？"孔子说：

"你治理政事,哪能用杀人的方法?只要你想做好事,人民就跟着做好事。君子的德行像风,小人的德行像草,风一吹过,草就蔫了。"⑩

孔子主张为政者对老百姓也要进行道德教化。因为如果只用行政命令和刑罚治理,百姓虽然可以避免犯罪,但却不明白什么叫耻辱;如果用道德礼仪教化人民,人民明白什么是耻辱,什么是荣誉,就会守规矩不出格,服从治理。⑪

总而言之,孔子认为,为政者道德高尚,做好表率;实行仁政、德治,使人民安居乐业,人民就信任政府、拥护政府,民风就淳厚;反之,"上梁不正下梁歪",如果为政者无道无德,就会失信于民,民风也就不正,国家也就不会治理好。

郑国的名相子产就被孔子所赞誉,孔子说他有四种行为合乎仁者之道,那就是:自己做事谦逊诚恳;尊敬君上,为国做事不怠慢;关心百姓疾苦,爱护人民;用人符合道义,使百姓生活安宁。⑫要知道,郑国位于中原中心地带,子产左右斡旋于两大强国——晋国与楚国之间,为百姓赢得一方安宁,实属不易啊!一句话,为

政者心怀仁爱，以德治国，使人民过上有尊严、安宁幸福的生活，就是施仁政。

孔子也骂过宋国的权臣桓魋。桓魋耗费人力、财力用石头制作棺椁，造了三年也没造好，工匠都累病了。孔子骂道："若是其靡也，死不如速朽之愈也。"（《礼记·檀弓上》）诅咒他死了不如快些烂掉才好。孔子说过"未知生，焉知死"（《论语·先进》），他关注活生生的人，关注底层百姓，对于那些王公贵族为了死后世界而折磨现世百姓的做法深恶痛绝。

再从个人层面说，"仁"又意味着什么呢？意味着通过自身修养，成为仁人君子。

作为君子，最重要的就是要以"仁"为本。君子连一顿饭的时间都不会离开"仁"，即便是在颠沛流离的时候也不会离开"仁"的规范。[13] 极端一点说的话，君子应该把"仁"看作比性命更宝贵的东西，志士仁人，不会为了求生而损害"仁"，却能牺牲生命去成就"仁"。[14]

而这个重于生命的"仁"就是"爱人"。毋庸置疑，我们爱父母，爱兄弟姊妹，爱亲朋好友，但孔子说的"爱人",是"泛爱众",也就是要爱他人,爱一切人。有句很著名的话就是"己所不欲,勿施于人"(《论语·卫灵公》)。自己不希望遇到的事情,也不要强加给别人。具体到行为上,就是**时时刻刻心存善念,随时随地帮助他人,做一个恭、宽、信、敏、惠的谦谦君子。**

人与人之间要相爱,由人及物也是如此。善良的人不仅对他人好,对世间万物都会有爱心。孔子虽然是射箭高手,但是也有不射的动物,那就是已经归巢栖息的鸟,因为傍晚归巢的鸟儿一般是有小鸟在家嗷嗷待哺的啊!而且孔子只钓鱼,不用渔网去网鱼,因为网鱼容

易把大鱼小虾一网打尽。⑮孔子也曾指责砍树捕猎不当的行为，认为如果不在合适的时间去砍伐树木、狩捕猎物，就是"不孝"。⑯嚯！这可真是站在道德制高点的严厉指责啊！乍一看有点不合逻辑，对树木、野兽怎么还讲孝顺啊？但仔细一想，过度砍伐和捕杀会破坏人类赖以生存的生态链，如果人类都无以为继了，那可不是大不孝嘛！

> 这是不是也表达了一种朴素的生态平衡观念呢？哇，孔子的观念又超前了耶！

想一想

1. 孔子强调"仁者爱人"，但在现实中"善良的人有时会吃亏"，你怎么看待这种现象？"仁"是否过时了？

2. 如果面对一个做过坏事的人，你还要"仁"吗？"仁"有没有"限度"？

3. 如果每个人都活得"合乎仁义"，世界会更好吗？有没有什么"道德太高反而有问题"的例子？

《论语》名言名句

- 己所不欲，勿施于人。（《论语·卫灵公》）

- 泛爱众而亲仁。（《论语·学而》）

- 为政以德，譬如北辰，居其所而众星共之。（《论语·为政》）

- 其身正，不令而行；其身不正，虽令不从。（《论语·子路》）

- 智者乐水，仁者乐山。（《论语·雍也》）

- 知者不惑，仁者不忧，勇者不惧。（《论语·子罕》）

- 己欲立而立人，己欲达而达人。（《论语·雍也》）

义：舍生取义

除了"仁"，《论语》里还提到一个君子需要常常思考的概念："义"。孔子提到的"义"，是道义、正义，是一个人应该尽的责任和义务，可不是简单的"为哥们儿两肋插刀"，仅仅感情用事的义气哦！

孔子说，作为君子，要常常把"义"放在心中。《论语·季氏》中说："君子有九思：视思明，听思聪，色思温，貌思恭，言思忠，事思敬，疑思问，忿思难，见得思义。"君子需要常常思考自己的言行是否符合公平和道义，平常看的时候要思考看明白了没有，听的时候要思考听清楚了没有，待人接物时要想想脸色是否温和、样貌是否恭敬，说话时要想想是否诚信忠实，做事时要想想是否稳重谨慎，有疑难时要想着寻求答案，气愤发怒时要想想可能产生的后果，可得到利益时要想想是否合乎义理。例如，君子应该见义勇为，在别人遇到危难时，勇敢伸出援手，不计较个人得失，这就是道义。反之，见义不为，就是不勇敢，是懦夫。[17]

孔子的仁义说对后世的仁人志士产生了巨大影响。孔子说:"三军可夺帅也,匹夫不可夺志也。"(《论语·子罕》)"志士仁人,无求生以害仁,有杀身以成仁。"(《论语·卫灵公》)"杀身成仁"彰显了无数仁人志士的气节。例如,宋朝的文天祥被元军俘虏,在国家大义面前,他宁死不屈,这就是志士仁人舍生取义的典范。

孔子说:"邦有道,谷;邦无道,谷,耻。"(《论语·宪问》)国家政治清明,可以做官食俸禄;国家政治黑暗,做官食俸禄是耻辱。也就是说,在遇到明君时尽力辅佐,如果遇到昏君,选择不从政,不与邪恶为伍,不助纣为虐,这也是一个君子有气节的表现。哎?这不就是孔子自己吗?还记得他不愿为权臣所用、智拒阳虎的故事吗?孔子夸奖蘧伯玉的话,自己也践行了。⑱

孔子说过:"君子喻于义,小人喻于利。"(《论语·里仁》)"不义而富且贵,于我如浮云。"(《论语·述而》)怎么?孔子反对金钱富贵吗?非也!有时人们对这句话误解了。其实,孔子并不是苦行主义者,他反对的是通过非法手段获取不义之财,他并不反对人们取得利益、取得财富,他认为想生活富足是人的天然欲望,无可厚非,但攫取利益要合乎道德,即俗话说的"君子爱财,取之有道"。[19] 他曾说,如果财富可以用正当手段得到的话,替人执鞭的活儿他也会去做。[20]

怎么样?看到这里,你是不是也觉得,孔子的三观超正呢?

想一想

1. 如何理解孔子说的君子?你的人格追求是什么?

2. 当看到别人有困难时,你是否会想办法去帮助他呢?

3. 孔子说的"义"的含义是什么?你认为"义"在今天的现实意义是什么?

《论语》名言名句

- 三军可夺帅也,匹夫不可夺志也。(《论语·子罕》)
- 志士仁人,无求生以害仁,有杀身以成仁。(《论语·卫灵公》)
- 见义不为,无勇也。(《论语·为政》)
- 岁寒,然后知松柏之后凋也。(《论语·子罕》)
- 君子喻于义,小人喻于利。(《论语·里仁》)
- 不义而富且贵,于我如浮云。(《论语·述而》)
- 富与贵,是人之所欲也;不以其道得之不处也。(《论语·里仁》)

礼：克己复礼

学习标兵颜回也曾经向老师问仁，孔子的回答更加具体："克己复礼为仁。一日克己复礼，天下归仁焉。为仁由己，而由人乎哉？"（《论语·颜渊》）这里说的"礼"，是指礼仪制度，也是公共秩序和法律规矩。所谓"克己复礼"，就是克制自己不好的欲望，使自己的行为符合"礼"，即通过道德修养变成有爱心的君子。孔子认为，只要人人都成为遵守道德规范的君子，就可以"天下归仁"，改变礼崩乐坏的局面，恢复封建等级秩序。可以看出，礼的作用，就是规范个人行为，维护社会秩序。

颜回绝对是行动派，在听了老师的解释后，他马上问："请问其目。"意思是具体应该怎么做呢？孔子回答说："非礼勿视，非礼勿听，非礼勿言，非礼勿动。"（《论语·颜渊》）意思是："不合乎礼的不去看，不合乎礼的不去听，不合乎礼的不去说，不合乎礼的不去做。"反过来说就是，大家要按照礼法行事。

所以，齐景公问政于孔子，孔子说出了简单明了的治国理念："君君，臣臣，父父，子子。"也就是说，国君像国君的样子，大臣像大臣的样子，父亲像父亲的样子，儿子像儿子的样子。大家各司其职，恪守本分，社会自然会合理有序，各职能部门自然会运转顺畅。这不是简单的等级制度划分，而是强调自我身份认知，每个人都能意识到自己的社会角色，从而明确每个人的责任义务，各行其道。只有君明臣贤，父慈子孝，大家内有仁心，外合礼法，才能构建一个秩序井然的和谐社会。齐景公很是认可这个说法，感叹地说："可不是嘛！如果君不像君，臣不像臣，父不像父，子不像子，即使有小米我也吃不上啊！"[21]另外，当时齐国也有大权旁落的问题，权臣田氏在一旁虎视眈眈，而齐景公也迟迟没有立太子，这对于父子关系、朝政稳定都有一定的危险，孔子简单的几个字可以说正说到了齐景公的心坎里了啊！遗憾的是，齐景公最终没有采纳他的建议，其他诸侯国也把孔子的劝说当作耳旁风。

孔子推崇周礼，把"克己复礼"看作治国良策，所以对那些越礼的行为大加斥责。例如有一次，鲁昭公举行祭祀的时候，季氏家族的权臣季平子把乐舞者召到自己家中，让他们在家中演奏八佾舞，致使鲁昭公祭祀时无人可用，只有两位舞者表演了个"双人舞"。按照周礼，八佾舞这种由六十四人表演的大规模舞乐是只有天子才有资格享用的，季氏作为诸侯国的大夫竟然在自己的庭院中用八佾的规模演奏舞乐，这样的做法明显是骄纵越规了。孔子听说这事后气得直说不能忍："八佾舞于庭，是可忍也，孰不可忍也？"（《论语·八佾》）

这样看来，是不是孔子非常重视礼仪的形式而忽略了重礼的本质呢？非也！在《论语》里有一段著名的"大哉问"的对话，就谈到了礼的本质。一位叫林放的弟子问到礼的本质，孔子马上夸赞他问得好，因为这个问题实在太重要了。孔子认为，就礼节仪式的一般情况而言，与其奢侈，不如节俭；就丧事而言，与其在仪式上置办周备，不如内心真正哀伤。[22] 所以孔子的重礼并不是强调繁文缛节，而是希望大家出于尊重而守序，心怀仁义而外现于礼。

孔子认为王公贵族不尊礼，是僭越，是大逆不道；普通人不尊礼，是无德的表现。他有一位老朋友原壤，年轻时就放浪形骸，在母亲去世时都在唱歌喝酒，还是在孔子的帮助下才料理了丧事。到了晚年，孔子看到原壤大刺刺双腿岔开坐在地上，这在当时是一种低俗无礼的坐姿，于是大骂老朋友："你这个人，年轻时不孝顺，长大不努力、没建树，晚年一事无成，还这么傲慢不懂事。你早就该死了，却还不死，简直就是个害人精！"说罢，孔子用手里的拐杖狠狠地敲打原壤的小腿。[23] 你看，如果不讲道德礼仪，即便是老朋友，孔子也真是一点也不客气呢！

孔子目睹当时礼崩乐坏君臣关系错乱的局面，很想通过恢复周礼拨乱反正，可是现实残酷，人家诸侯们都在那里为当老大而打架，孔子却说：别打了，大家要懂规矩，守礼法，修德当君子吧！哪有几个人能真正听进孔子的劝告啊！

孔子主张要有爱心，要自律，要遵守道德秩序与社会规范，在今天看来仍有积极的意义。比如，现在是信

息爆炸的网络社会,每个人在网上听的、说的都可能会伤害到现实里的人,如果我们能主动约束自己,在看、听、说、做上更加谨慎,是不是会有一个更加美好的环境呢?这样看来,孔子关于"仁"和"礼"的建议,放到今天,是不是也有借鉴意义呢?

想一想

1. 在当时的时代背景下,孔子为什么提出"君君臣臣父父子子"的治国理念?有没有意义?为什么很难推行呢?

2. 如果一个人不懂"礼",但内心很善良;另一个人非常懂"礼",但为人虚伪。你更愿意和谁交往?你觉得孔子会怎么选?

3. 你觉得"礼"是为了让人自由,还是让人受约束?现代社会越来越强调个性自由,"礼"的价值还存在吗?

有趣的小知识

孔子的偶像是谁？

孔子心中的偶像有尧、舜、禹、周文王和周公。另外，孔子崇敬的圣贤还有泰伯、周武王、管仲等人。孔子说起自己的偶像也是不乏溢美之词，比如他颂扬尧："大哉尧之为君也！巍巍乎！唯天为大，唯尧则之。荡荡乎，民无能名焉。巍巍乎其有成功也，焕乎其有文章。"（《论语·泰伯》）孔子认为，尧如此伟大，只有他能效法天；他的德行如此伟大，以至于人民都不知道怎么称颂他了。周公更是孔子非常钦佩、思慕的圣人，"周监于二代，郁郁乎文哉！吾从周"（《论语·八佾》）。孔子提倡恢复的礼就是周礼，以至于他常常梦见周公。后来年纪大了，梦不到周公，他还大发感慨："甚矣吾衰也！久矣吾不复梦见周公。"（《论语·述而》）现在我们说到睡觉的时候会说"梦周公去了"，就来源于这个典故。

礼崩乐坏

周朝时，人分为几个等级：周天子、诸侯、卿大夫、士、平民、奴隶。每个等级做事的规矩都不同。例如，听音乐看歌舞时，周天子乐舞队的规模是64人，诸侯的是36人，卿大夫的是16人，等等。到了春秋战国时期，大家都想当老大，不再遵守这套规矩，这就叫"礼崩乐坏"。

《论语》名言名句

- 礼之用,和为贵。(《论语·学而》)

- 克己复礼为仁。(《论语·颜渊》)

- 君子欲讷于言而敏于行。(《论语·里仁》)

- 听其言而观其行。(《论语·公冶长》)

- 见贤思齐焉,见不贤而内自省也。(《论语·里仁》)

- 居处恭,执事敬,与人忠。虽之夷狄,不可弃也。(《论语·子路》)

- 不学礼,无以立。(《论语·季氏》)

恕：忠恕之道

如果只是自我完善，那么孔子的儒家和老庄的道家可以说有共同的追求，但是，儒家思想还有一点不同于道家的，那就是使命感、责任感。儒家强调积极参与社会事务，特别是在有机会可以有所作为的时候，一定要竭尽全力。正因为对社会、对他人有这样强烈的责任感，孔子特别看重人伦关系。《论语》里巨细靡遗地提到我们要怎么与周围的人打交道，怎么建设好关系这张网。注意哦，这里我们提到的"关系网"，可不是为了自己的私利而谋求的捷径，而是通过利他、爱人，从最小的环节出发，在人与人之间建立坚固的纽带，从而实现一个稳定的社会关系，使人民各得其所。

孔子曾说，自己的人生志向是"老者安之，朋友信之，少者怀之"（《论语·公冶长》）。孝敬长辈让他们安心，朋友之间互相信任，爱护幼小使他们感受到关怀，这就是他理想中最美好的人际关系状态。如何达到这种理想的人际关系？尊老爱幼自不必说，人与人之间只要遵循这两个字就够了："忠恕。"㉔"忠恕"是"仁"在人际关系中的体现。

具体来说，"忠"就是做任何事都尽心尽力，人与人之间以诚相待、以信交往。孔子曾说，一个人如果不讲信用，不知道他可以怎样立身处世。㉕孔子的弟子们深刻理解了老师的教诲，曾子每天都会自省是否对友人诚恳相待。㉖子夏也认为与朋友交往最重要的就是言而有信。㉗

有了一颗诚恳的心，我们又应该跟什么样的人交朋友呢？孔子说，与正直的人、诚信的人、知识广博的人交朋友是有益的，不要与谄媚逢迎的人、虚伪奸诈的人、善于花言巧语的人交朋友，他们只会对你有害。㉘

交到一位很棒的朋友是不是对你助益良多呢？

广而言之，朋友之间是这样，其他人之间也是这样。试想，如果人与人之间都以诚相待，互相信任，互相帮助，遇事多考虑别人、多为他人着想，那我们自己不也就能相应地得到他人的照顾了吗？所谓赠人玫瑰，手有余香。下雨时你为别人撑起的一把伞，也许就是天晴时别人为你遮的一片荫。要想自己有所作为，就要帮助他人有所作为；要想自己事事通达，就不要对别人使绊子，"君子成人之美"（《论语·颜渊》），这就是"己欲立而立人，己欲达而达人"（《论语·雍也》）。

"恕"就是将心比心，设身处地地为他人着想，自己不想要的，也不要强加给别人。[29]这是最朴实的同理心。对别人的过失，要宽容；要以正直报答怨恨，以恩德报答恩德。[30]试想，如果人与人之间没有理解和宽容，而是充满仇恨和苛责，那样的社会会是什么样呢？是不是很可怕？在遇到困难的时候，如果能得到别人的理解和支持，你是不是会感到特别温暖，变得特别坚强？所以，无论在什么情况下，"同理心"永远是维系良好人际关系的法宝啊！

对于那些不讲忠恕之道的人，孔子特别讨厌。子贡曾经问孔子：君子是否也有讨厌的人？孔子说：有啊，分别是背地里嚼舌根、散布别人坏话的人，身居下位却诽谤上位的人，莽撞无礼的人和专断、顽固不化的人。㉛还有一种人,孔子更讨厌,就是"乡原"。孔子骂这些人说:"乡原,德之贼也。"(《论语·阳货》)"乡原"这种人简直是败坏道德的贼子啊!"乡原",就是看上去是"好好先生",实际上不分是非、虚伪欺世、处处讨好的"伪君子"。这种人不懂忠恕之道,做人毫无底线,会破坏和谐的人际关系。

> 特别有底线的孔子果然最讨厌没有底线的人呢!

呦呦鹿鸣,食野之苹……

总而言之，从仁心出发，以道义为价值准则，自重自省，使自己的言行符合社会规范、礼制规定，这样就可以达到君子的至高理想啦！孔子说自己到了七十岁"从心所欲不逾矩"，这大概就是君子获得的大自在、大自由境界吧！

想一想

1. "忠"要求全心对人，"恕"要求理解对方，有时候两者会不会冲突？比如你对朋友提出真心建议，但他不接受，你是该坚持（忠）还是退让（恕）？

2. 在网络上我们常看到"网络暴力"或"键盘侠"，你觉得"忠恕之道"在社交媒体时代还有意义吗？我们是不是更容易只忠不恕，或者只恕不忠？

3. 你认同"己所不欲，勿施于人"这句话吗？有没有例外？比如父母希望孩子学电脑、学医，但孩子并不喜欢。父母可以把"自己想要的"强加给孩子吗？

《论语》名言名句

- 己欲立而立人,己欲达而达人。(《论语·雍也》)
- 吾日三省吾身:为人谋而不忠乎?与朋友交而不信乎?传不习乎?(《论语·学而》)
- 与朋友交言而有信。(《论语·学而》)
- 言必信,行必果。(《论语·子路》)
- 君子成人之美,不成人之恶。(《论语·颜渊》)
- 君子敬而无失,与人恭而有礼,四海之内皆兄弟也。(《论语·颜渊》)
- 君子矜而不争,群而不党。(《论语·卫灵公》)
- 君子和而不同,小人同而不和。(《论语·子路》)
- 君子不以言举人,不以人废言。(《论语·卫灵公》)
- 以直报怨,以德报德。(《论语·宪问》)
- 巧言乱德。小不忍,则乱大谋。(《论语·卫灵公》)

孝：父慈子孝

在庞大的社会网络里，最小的网络环节是家庭。社会讲究诚信，维系家庭的核心就是"孝悌"。

孔子认为，"孝悌"是仁德的基础，也是仁爱在最小的家庭关系网中的充分体现。㉜同学们想一想，我们在人之初，最先感受到的爱是不是亲情之爱呢？正因为有这些爱的基础，我们才能推己及人，去爱护他人的父母儿女、兄弟姐妹，对不对？父母对儿女的爱更多出于自然天性，而儿女对父母的爱是不是多了一份责任和理性？"孝悌"的观念正是强调了这份亲情背后的责任和理性。

那么，在家庭中，我们应该怎么对待父母？仅仅在物质上赡养父母够不够？在孔子生活的年代流行着一种说法："孝"就是在物质上满足父母的需求。这样就把"孝"和"养"等同起来了，孔子认为这是不对的。孔子认为，赡养父母应该带着敬爱之心，否则与养动物有什么分别呢？"孝敬"父母，不仅要在物质层面照顾父

第四讲 | 《论语》中的闪光点

母,更要在精神层面关心父母的需求。㉝

其实做到这样的孝敬说难也不难,在日常生活中,只要尽量不让父母为我们担忧就够了。比方说,父母在家时尽量不要自己去远处游历,如果去的话一定要安顿好父母。㉞

另外,也要了解父母的年纪、身体状况,孩子会为父母的健康感到开心,同时也会担心父母天年的到来,这样才会从内心珍视父母,敬爱父母。㉟

孔子曾经对孟懿子解释,孝就是"无违"。那是不是我们应该对父母百依百顺呢?这样的孝顺到底有没有原则？还记得吗，孔子是一个多么有原则的人啊！他说的"无违"是不违背原则，是合乎规范、合乎礼仪，即对待父母要"生，事之以礼；死，葬之以礼，祭之以礼"（《论语·为政》）。

当父母的要求合情合理时，当然要竭尽全力满足他们的要求；当父母的要求不合乎礼制规范时，做子女的应该委婉劝诫，不要一味盲从，否则就会陷父母于不义。如果实在拗不过，只能暂时按照父母的意思去做，那么既然做了也就不要有怨言。[36]当然，子女孝顺，相对应的，父母也应该慈爱；兄长友爱，弟弟也会恭敬。父慈子孝，兄友弟恭，这样的家庭是不是爱意浓浓，其乐融融？

孔子的学生有子说过，孝敬父母、友爱兄弟的人，很少有触犯上司的；不喜欢触犯上司，却喜欢犯上作乱，这种人是从来没有的。所以，"孝悌"，是仁的根本。[37]说到这里，大家明白了吧？孔子之所以那么重视孝道，不仅是因为父慈子孝天经地义，人人都需要家庭的温暖呵护，更是因为孝顺的孩子不会犯上，家庭稳固，才能建立起和谐稳定的大社会。

孔子从家本位出发，企图通过提倡"孝悌""克己复礼"的礼仪教化，恢复"君君臣臣父父子子"的道德伦理秩序，达到天下大治。可惜在当时的社会背景下，这只是一厢情愿。发展到后来，孔子的思想被断章取义，"君君臣臣父父子子"只强调臣对君绝对忠诚，子对父绝对服从，变成了维护封建等级制度、束缚人们个性自由的枷锁，这应该也是孔子没想到的吧！

想一想

1. 你觉得"孝顺"是出于"责任"还是"爱"？如果只是"被迫照顾"，还算不算"孝"？

2. 如果父母希望你做一件你完全不认同的事（比如交朋友、选专业等），你会怎么处理？是听从，还是坚持自己？想象一下，孔子会怎么说？

3. 孔子说"色难"，意思是说侍奉父母经常保持和颜悦色是最难的，你同意吗？为什么"好好说话"和"尊重"反而比物质供养更难做到？你能做到吗？

4. 如果你可以问孔子一个关于"人生意义"的问题，你会问什么？你觉得他会怎么回答？

注 释

① 子曰:"默而识之,学而不厌,诲人不倦,何有于我哉?"(《论语·述而》)

② 子曰:"十室之邑,必有忠信如丘者焉,不如丘之好学也。"(《论语·公冶长》)

③ 子曰:"女奚不曰:其为人也,发愤忘食,乐以忘忧,不知老之将至云尔。"(《论语·述而》)
朝闻道,夕死可矣!(《论语·里仁》)

④ 子路从而后,遇丈人,以杖荷蓧(diào)。子路问曰:"子见夫子乎?"丈人曰:"四体不勤,五谷不分,孰为夫子?"植其杖而芸。子路拱而立。止子路宿,杀鸡为黍而食之,见其二子焉。明日,子路行以告。子曰:"隐者也。"使子路反见之。至,则行矣。(《论语·微子》)
楚狂接舆歌而过孔子曰:"凤兮凤兮,何德之衰?往者不可谏,来者犹可追。已而,已而!今之从政者殆而!"孔子下,欲与之言。趋而辟之,不得与之言。(《论语·微子》)

⑤ 子曰:"譬如为山,未成一篑,止,吾止也;譬如平地,虽覆一篑,进,吾往也。"(《论语·子罕》)

⑥ 子过泰山侧,有妇人哭于墓者而哀。夫子式而听之。使子路问之曰:"子之哭也,壹似重有忧者。"而曰:"然。昔者,吾舅死于虎,吾夫又死焉,今吾子又死焉!"夫子曰:"何为不去也?"曰:"无苛政。"夫子曰:"小子识之!苛政猛于虎也。"(《礼记·檀弓下》)

⑦ 为政以德,譬如北辰,居其所而众星共之。(《论语·为政》)

⑧ 季康子问政于孔子。孔子对曰:"政者,正也。子帅以正,孰敢不正?"(《论语·颜渊》)

⑨ 子曰:"其身正,不令而行;其身不正,虽令不从。"(《论语·子路》)

⑩ 季康子问政于孔子曰:"如杀无道,以就有道,何如?"孔子对曰:"子为政,焉用杀?子欲善而民善矣。君子之德风,小人之德草。草上之风,必偃。"(《论语·颜渊》)

⑪ 子曰:"道之以政,齐之以刑,民免而无耻;道之以德,齐之以礼,有耻且格。"(《论语·为政》)

⑫ 子谓子产:"有君子之道四焉:其行己也恭,其事上也敬,其养民也惠,其使民也义。"(《论语·公冶长》)

⑬ 君子无终食之间违仁,造次必于是,颠沛必于是。(《论语·里仁》)

⑭ 志士仁人,无求生以害仁,有杀身以成仁。(《论语·卫灵公》)

⑮ 子钓而不纲,弋不射宿。(《论语·述而》)

⑯ 夫子曰:"断一树,杀一兽,不以其时,非孝也。"(《礼记·祭义》)

⑰ 子曰:"见义不为,无勇也。"(《论语·为政》)

⑱ 子曰:"直哉史鱼!邦有道,如矢;邦无道,如矢。君子哉蘧伯玉!邦有道,则仕;邦无道,则可卷而怀之。"(《论语·卫灵公》)

⑲ 子曰:"富与贵,是人之所欲也;不以其道得之,不处也。"(《论语·里仁》)

⑳ 子曰:"富而可求也,虽执鞭之士,吾亦为之。如不可求,从吾所好。"(《论语·述而》)

㉑ 齐景公问政于孔子。孔子对曰:"君君,臣臣,父父,子子。"公曰:"善哉!信如君不君,臣不臣,父不父,子不子,虽有粟,吾得而食诸?"(《论语·颜渊》)

㉒ 林放问礼之本。子曰:"大哉问!礼,与其奢也,宁俭。丧,与其易也,宁戚。"(《论语·八佾》)

㉓ 原壤夷俟。子曰:"幼而不孙弟,长而无述焉,老而不死,是为贼。"以杖叩其胫。(《论语·宪问》)

㉔ 曾子曰:"夫子之道,忠恕而已矣。"(《论语·里仁》)

㉕ 子曰:"人而无信,不知其可也。"(《论语·为政》)

㉖ 曾子曰:"吾日三省吾身:为人谋而不忠乎?与朋友交而不信乎?传不习乎?"(《论语·学而》)

㉗ 子夏曰:"……与朋友交言而有信。"(《论语·学而》)

㉘ 孔子曰:"益者三友,损者三友。友直,友谅,友多闻,益矣。友便辟,友善柔,友便佞,损矣。"(《论语·季氏》)

㉙ 子贡问曰:"有一言而可以终身行之者乎?"子曰:"其恕乎!己所不欲,勿施于人。"(《论语·卫灵公》)

㉚ 子曰："……以直报怨，以德报德。"（《论语·宪问》）

㉛ 子贡曰："君子亦有恶（wù）乎？"子曰："有恶。恶称人之恶者，恶居下流而讪上者，恶勇而无礼者，恶果敢而窒者。"（《论语·阳货》）

㉜ 孝弟也者，其为仁之本与！（《论语·学而》）

㉝ 子曰："今之孝者，是谓能养。至于犬马，皆能有养；不敬，何以别乎？"（《论语·为政》）

㉞ 子曰："父母在，不远游，游必有方。"（《论语·里仁》）

㉟ 子曰："父母之年，不可不知也。一则以喜，一则以惧。"（《论语·里仁》）

㊱ 子曰："事父母几谏。见志不从，又敬不违，劳而不怨。"（《论语·里仁》）

㊲ 有子曰："其为人也孝弟，而好犯上者，鲜矣；不好犯上，而好作乱者，未之有也。君子务本，本立而道生。孝弟也者，其为仁之本与！"（《论语·学而》）

| 第五讲 |

儒家思想的传承者

孔子创立的儒家学说被后人发扬光大，孔子也被后人世代所敬仰。汉朝的司马迁仰慕孔子，曾经在鲁地考察，流连忘返。他深深感叹，天下的君王贤士那么多，大都生前荣耀一时，身后并无传承，而孔子作为一介布衣，传世十几代，那么多学者都尊崇他。从天子、王侯、贵族到整个中原的学士，凡是讲习六经的都要以孔子为标准来判断是非，孔子真是至高无上的圣人啊！[①]

儒家思想的传承的确如文史公所感叹的那样，世世代代绵延不绝。孔子去世后，他的弟子和后来的学者们接过了传播儒家思想的接力棒。其中，孟子和荀子是儒学史上两颗耀眼的明星，他们各自对儒家学说的丰富和发展起到了不可忽视的作用。孟子是"性善论"的坚定拥护者，他主张"仁政"，强调统治者要体察民情，施行宽仁之道。他的一句"民为贵，社稷次之，君为轻"，让后人看到了儒家学说中的民本智慧。而荀子则有点"唱反调"的意味，他提出"性恶论"，认为人性需要通过礼仪和教育来规范和提升。他的观点虽然不同，却让儒家的思想体系更加多样和丰满。

时间来到汉代，儒家思想迎来了属于它的"高光时刻"。这一切都要归功于董仲舒，他可以说是儒家在汉代的"代言人"。他向汉武帝提出了"罢黜百家，独尊儒术"，将儒学一举推上了主流思想的宝座。他还巧妙地把儒学和阴阳五行学说结合起来，打造了一个独特的"天人感应"理论，把儒家思想变得既实用又富有神秘感。自此，儒学不仅成了治理国家的理论工具，也成为维系社会秩序的重要基石。

从孔子到孟子、荀子，再到董仲舒，儒家学说像一棵枝繁叶茂的大树，不断吸收养分，茁壮成长。它在不同的时代被赋予新的内涵，从学术探讨走向了社会实践，也因此展现出强大的生命力。接下来，让我们一同看看这几位关键人物的思想贡献吧！

"亚圣"孟子

| 孟子一生故事多 |

提到儒家学说，我们常常用到一个词——"孔孟之道"，其中"孟"指的就是孟子。孟子（约前372—前289），名轲，字子舆，鲁国人（一说邹国人），据说曾受业于孔子之孙子思的徒弟，被后世儒生尊为"亚圣"，是位伟大的学问家，地位仅次于"至圣"孔子。

孟子也有和孔子相同的人生经历，幼年丧父，由寡母抚养长大。孟子的成功与孟母的教育是分不开的。孟子最出名的小故事有这样几个。

孟母三迁

孟子小时候最早住在一个陵墓旁边，眼睛看的、耳朵听的都是墓地的丧葬仪式，孟子和邻居的小伙伴们也就经常模仿着大人的样子学哭号、学跪拜，玩起了办葬礼的游戏。孟妈妈很不喜欢儿子玩这种游戏，于是就搬家到集市旁边。在这里住的大都是些商人,孟子又和这里的小朋友们玩起了作揖鞠躬、讨价还价、学着做生意的游戏。孟妈妈想,"我不能让儿子成为这样的人",于是又带着儿子搬家了。这次搬到了一所学校附近,按今天的说法,这个家应该算是学区房了。住在这里,孟子见到的都是彬彬有礼、勤奋读书的人,他也变得像个学生了,懂礼貌、守规矩、爱读书。孟妈妈看到儿子的变化很高兴,认为这次搬家才是正确的。(《列女传·邹孟轲母》)

好,好,总算不用再搬家了。

妈妈,我也要上学!

断机教子

童年的孟子读书学习坐不住，经不起玩耍的诱惑，常常逃学。孟妈妈发现儿子逃学，非常严厉地教训了孟子，她把儿子叫到织布机前，当着儿子的面剪断了织布机上的纱线，孟子十分惊恐。妈妈说："儿啊，我纺纱织布供你读书十分不易，现在我把纱线剪断了，就再也织不成布了。你读书做学问和织布一个道理，需要一针一线一点一滴地积累，你现在常常逃学中断学业，怎么

会成为有用之才呢。"孟子深受教育,从此勤奋读书,孜孜不倦,终于成为一代儒学大师。(《列女传·母仪传》)

孟子休妻

孟母对儿子严格而又富于智慧的教育一直延续到他成年娶妻之后。

有一次,孟子走进妻子的卧室,看到妻子独自一人撇拉着双腿坐在那儿,姿势很不雅观。孟子很生气地告诉母亲,这个女人不懂礼仪,准备休掉她。母亲问:"你怎么知道她不懂礼仪呢?"孟子答亲眼所见。母亲批评儿子:"这就是你的不对了,失礼的是你,而不是你妻子。你忘记《礼记》上的教导了?进屋之前,要问一声谁在呀;进厅堂应该高声说话,让人家知道有客人来了;进卧室呢,要低下头、眼睛向下看,避免看到人家的隐私。而你是怎么做的呢?不说话,不低头,贸然闯入人家的卧室,这不是你失礼吗?"孟子听罢,知道自己错了,从此处处遵礼,不再说休妻的事了。(《韩诗外传》)

想一想

1. 家庭的居住环境对你有什么影响?
2. 长辈对你的教育有哪些是让你难以忘怀的?

有趣的小知识

古人的坐姿

古人很讲究行为举止的仪态,要求坐有坐相,站有站相,并且认为正规的坐姿是跪坐,臀部要放在脚后跟上,双手放在膝盖上,上身挺直,目不斜视,称为正坐。说话的时候,臀部要离开脚跟,挺直身子,仍然是跪着,以示对别人的尊重。

孟子在哪些方面继承发展了孔子

孔子提倡仁义道德，主张仁者爱人，不语"怪、力、乱、神"。他把先人对"鬼神"的信仰高高地悬挂起来，让人们把敬畏转向人世间。他认为万物规律就是"天"，人伦道德就是"天"，并且要求人们以帝王尧为榜样，敬畏这样的"天"。至于人为什么会爱别人，伦理道德跟人性是什么关系，孔子并没有深究。说到人性，孔子也只是说"性相近，习相远"，人性本源都差不多，无所谓好坏，只是后天的学习使人有所不同。

孟子继承了孔子的仁者爱人和天命思想，又做了更深一层的阐释，把天和人结合起来，把天命和人性联系起来，他认为："诚者，天之道也。"（《中庸》）就是说，人性，天生是诚的，是善的，是人固有的，这是老天爷赋予人类的。人心的起端是光明的，那就是：仁、义、礼、智。具体来讲，即"恻隐之心，仁之端也；羞恶之心，义之端也；辞让之心，礼之端也；是非之心，智之端也"，这"四端"就是我们作为人拥有德行的基础。你看，正常人看到一个幼儿在井边玩耍，快要堕井时，会不会心生同情怜悯？这就是"不忍心"，也就是仁心的开端。你对幼子有这样的情感，不是为了跟孩子的父母攀交情，或者在乡邻间博取好名声，也不是讨厌背上见死不救的坏名声，而是纯粹出于一个普通人的本能。所以，没有恻隐心、羞恶心、辞让心、是非心的，简直不配为人啊！②

孟子著名演说：人之初，性本善

作为以雄辩著称的演说家，孟子跟弟子辩论起来也是滔滔不绝呢！

有一次，孟子与弟子告子辩论人性到底善不善的问题。告子说："人性啊，就像湍急的流水一样，东方决口了，它就往东流，西方决口了，它就往西流。人性没有善不善的区别，就像流水说不定往东还是往西那样啊！"孟子反驳说："水往东流还是往西流的确是不确定的，但是水往上流还是往下流，难道也没有区别吗？人性本善，就像水往低处流一样。人性没有不善的，水没有不往低处流的。用手击水，可使水飞溅过额头；阻挡住水，也可以让它倒向高处流，可以让水在山顶上流。水的飞溅和向高处流，难道是水的本性吗？显然不是，而是外在的作用力让水成那样的。人性啊，之所以做坏事，道理也是如此啊，是外在的情势使人性变坏了。"③

孟子的很多理论，都是以此为基础生发开去说的。

少年爱哲学：仁与善的世界

人心向善，就像水往低处流一样。人人都是好人。

你也是只好狗。

汪！

　　他不光以水往低处流的道理来说明人性是自然向善的，还说水往低处流的自然规律是不可抗拒的，只有认识并掌握了这些规律，才能把事情办好。例如，孟子讲过夏禹治水的故事，他说夏禹是疏导洪水，将水引入江河湖海，这不光避免了洪水的祸害，还能腾出好地来种粮食，解决人的吃饭问题。你看，孟子由水往低处流、可以疏导而不能堵截的特点规律，引申出了治国安民、造福人类的大道理，是不是思辨能力很强啊！

　　孟子还有一句话，至今闪烁着真理的光辉："民为贵，社稷次之，君为轻。"（《孟子·尽心下》）意思是说：人民百姓是最尊贵的，土谷之神、江山社稷在其次，而国君呢，是最不重要的。孟子周游列国的时候，到处宣讲他的民贵君轻思想，要求当官的都要把老百姓的利益放在第一位，要爱护老百姓，要施仁政，不要施暴政。国君们表面上尊重孟子所言，但内心都不愿意实行孟子的主张。孟子无奈，周游齐、梁、宋、滕、鲁诸国二十多年，转了一大圈，晚年又回老家教书去了。这一点与孔子何其相像啊！真不愧是"亚圣"呢！

想一想

1. 你觉得国君们为什么不愿意施行孟子的主张？

2. 你能想出几个"人性本善"的例子吗？

"后圣"荀子

荀子一生的几个拐点

荀子（约前340—前245），名况，字卿，战国末期赵国人，先秦儒家除孔孟之外的第三大学问家，先秦时代百家争鸣的集大成者，被称为儒学"后圣"。

荀子从小就聪明好学，才华横溢，十岁时就被称为"神童"。可能很多同学都读过他的名篇——《劝学》。许多励志的名言警句都出自《劝学》，如"锲而不舍，金石可镂"，"不积跬步，无以至千里；不积小流，无以成江海"……怎么样？是不是很耳熟？

荀子学问大、威望高，曾三次担任齐国稷下学宫祭酒。稷下学宫是齐国官办的最高学府，也是百家争鸣的国家论坛。祭酒不是陪人喝酒，而是相当于教育部部长级别的大学校长。荀子近八十岁时辞去了这个职务，但仍然两度应邀出任楚国的兰陵（今山东临沂）令，相当于今天的县长。晚年他蛰居兰陵著书立说，收徒授业，终老兰陵。实际上他在当兰陵县令的时候就已经开课收徒了，最有名的徒弟是李斯和韩非子。荀子作为儒家学者，却培养出了法家学派的弟子，儒家"后圣"成了法家祖师爷的师父，是不是很有意思？

| 荀子主张：性本恶！|

荀子与孔孟一样，都强调后天学习的重要性，他推崇孔子，但对孟子的思想有一定反思，孟子侧重"仁"，荀子则更崇尚"礼"。《荀子》一书中，有专门谈论人性的一个章节《性恶篇》，与孟子的"性善说"针锋相对，逐条驳斥，简直就是一篇精彩的辩论赛讲稿啊！

荀子认为"人之性恶，其善者伪也"。这里的"伪"，指的是人为的、人们后天努力的结果，是对人性恶劣本质的纠正。他认为，人类本性就是趋利避害、好逸恶劳、贪图耳目之欲，所以不能放纵本性，依从人欲，反而更需要师长和法度教化、礼仪的引导，这样人们才能推辞谦让，遵守礼法，最终走向天下太平。就像弯曲的树木，有待于扶植才能直立；本来有钝性的金属，有待于打磨才能锋利。人性本质为恶，善良行为则是后天人为努力的结果。④

看到这里，同学们是不是觉得二人似乎殊途同归呢？对，最终他们的目标是一致的，那就是求仁为善，让世界充满爱！孟子向内求诸自我，走的是"内圣"的道路，境界相当之高，不过在当时的战乱时代，很难为当时的执政者所接受。而荀子强调"礼"的后天约束，发展到韩非、李斯等人则变"礼"为"法"，强调刑罚

制度，为秦王所用，对秦国的迅速发展，到后来的一统六国起到了关键作用。

想一想

1. 你能想出几个"人性恶"的例子吗？
2. 人性到底是善还是恶，你怎么看？

荀子《劝学》名言名句

- 青，取之于蓝，而青于蓝；冰，水为之，而寒于水。
- 不登高山，不知天之高也；不临深溪，不知地之厚也；不闻先王之遗言，不知学问之大也。

最霸气的儒家博士——董仲舒

时代呼唤出的读书人董仲舒

大家都知道秦始皇的"焚书坑儒"吧？秦始皇为了维护他的皇权统治，焚烧诗书、活埋儒生，用法家那套酷吏苛政来治理国家，让老百姓人人都怕他，不敢说话。秦国在历史上被称为"虎狼之国"。秦朝统治过于残酷，支撑了15年，就被灭了。

到了汉朝，整个社会风气为之一变，这个时代呼唤出了一个有作为的读书人——董仲舒。董仲舒（前179—前104），字宽夫，别名董子、董夫子、董生，西汉广川（今河北景县）人。董仲舒是个理论联系实际、主张经世致用的大儒，他潜心研究百家学说，又联系西汉的大一统社会局面，构建了一个前所未有的、兼容诸子百家的新的儒学体系。

他认为想要国泰民安，还是要靠孔孟之道。他强调人性本善，当官的要施仁政，讲仁义礼乐，爱护老百姓。他大讲"天人感应",意思是说当官的若不好好地为人民服务,老天爷就会惩罚他,上天会降灾祸给他。他提出了"推明孔氏,抑黜百家"的说法,也就是后来学者总结的"罢黜百家,独尊儒术"。实际上,这只是复兴儒学,为儒学争取到主流地位的一句响亮"口号",在儒学被奉为主流的汉代,其他的学说也并没有被废除。自汉武帝始,儒家学说确立了在百家学说中的主导地位,儒学被定位为官学,儒学典籍成为学子必读的经文,影响了一代代帝王将相、文人学者。

董仲舒建议皇帝在京城设立太学,在全国各地都设公办学校,普及教育。他还首创了中国历史上的初考、中考、高考制度,这个制度打破了靠出身高贵、靠财富丰厚、靠世袭当官的传统,从此,当官要通过一系列严格的考试才行,"朝为田舍郎,暮登天子堂",说的就是靠读书考试打通阶级阻隔、改变命运的书生们的故事。另外,董仲舒规定考试的教材是儒家经典,这就为国家的教育思想打下了基础,也为国家录用官员储备了人才。董仲舒不愧为"汉代孔子",他的教育理念、仁政核心与孔子真是一脉相承啊!

到了唐代，这个考试制度就更完备了，唐太宗李世民尝到了甜头，他得意地说"天下英雄尽入吾彀（gòu）中矣"，意思是说：通过这样的科举考试，天下英雄都进入我的弓箭射程之内了，都被我轻松拿下了。你看，董仲舒厉害吧？他不光有治国思想，还有治国的办法。他可能也想不到，这一套理论居然影响了此后中国两千多年的历史！

董仲舒是个什么官

董仲舒是个博士官，官不算大。但西汉的博士选拔非常严格，必须是学问很大、威望很高的人才能做。博士不仅要精通儒学，而且得对诸子百家典籍都有研究才行。董仲舒可不同于一般的博士，他除了古文整理研究和给儒生们上课之外，还要负责解答皇帝的咨询，相当于当皇帝的顾问。他的思想很符合汉武帝的志向，西汉的许多国策，都是听了董博士的话才颁布的。

董仲舒的故事

三年不窥园

董仲舒出生在河北广川一个家有大批藏书的地主之家。这些书就成了董仲舒幼年最好的伙伴，他可以不吃不喝，但不可以一时无书。董仲舒的父亲见这孩子读书入迷，很担心他熬坏了身体，就在他的书房后面建了一个美丽的花园，希望儿子读书累了，到这里来放松一下。姐姐来邀弟弟到花园去玩，他手捧书简谢绝了姐姐的好意；邻居亲戚家的娃们在花园里嬉戏打闹，他连眼皮都不抬；中秋佳节到了，全家人都在花园里热热闹闹地赏月、看花、吃月饼，他也不为所动，全部兴趣都在读书上。有一次，董父的一位叫安溪的朋友来董家玩，久闻董郎读书专心，希望见一见这个孩子。董父便带安溪来到后院书房外，只见书房内董仲舒头也不抬地在读书，于是安溪故意在窗外咳嗽、使劲用脚踏地，搞出声响，希望引起董仲舒的注意，但他充耳不闻。安溪悄然离开，说："一个十二三岁的娃娃，读书竟然如此专心，实在难得。"安溪连续三年来看望董仲舒都是在书房窗外，他不忍心打扰读书人。董父为感谢朋友的关心，叫儿出来拜见。安溪问董仲舒："咱们几年不见了？"董仲舒答："大概三年未见安叔叔了。"董父告诉儿子，安叔叔每年都来看你啊！董仲舒十分感动，连忙施礼。

　　这个故事固然有传说的色彩，不过"三年不窥园"这个典故可是真实记录在《汉书》中呢！

董生下帷

董仲舒上课时习惯放下讲堂上悬挂的帷幕,隔着幕布给学生们讲课。董仲舒在里面讲,学生们在外面听。只有极少数几个优秀学生才能进入幕后见到老师的真身,得到亲传。有不少弟子是师生一场,却始终没见到老师的面,很是遗憾。

> 当然,现在想来,恐怕董博士有点小社恐哦!哈哈!

"董生下帷"的本意是说董仲舒读书心无旁骛，教学专心致志，讲课也沉浸在书里，隔块幕布讲课，也许就隔开了外物的干扰。（《汉书·董仲书传》）

想一想

1. 你觉得董仲舒提出的"天人感应"理念，是否能帮助我们更好地理解人与自然的关系？这和今天的环保理念有关系吗？

2. 你觉得董仲舒的哪些思想、哪些做法今天还有意义？

民俗小常识

如今，在山东、河北一带不少古村庄里，孔姓家族在举行一些传统仪式活动时，总是会邀请董姓家族的人参加，董姓家族的活动也总是邀请孔姓家族的人参加，孔、董两家走得很近。

第五讲 | 儒家思想的传承者

生生不息的后世儒学

继董仲舒之后,儒学开始了长达数千年的传承与发展历程。前赴后继的儒家学者如同接力赛中的奔跑者,不断丰富和升华儒家思想。他们根据时代需求,为儒学注入新的内容,使其始终保持鲜活的生命力。特别是在宋明时期,儒学迎来了两次重要的思想浪潮,让传统儒学焕发出崭新的光芒。

北宋的程颢与程颐兄弟便是这场浪潮中的先驱者。这对兄弟可谓是儒家思想的"双子星",他们提出了"理"的概念,将儒学进一步哲学化。程颢主张"静坐观心",强调内心的自省与修养;而程颐则更关注礼与义的实践,强调"天理"的普遍性。二人合力创立了"程朱理学"的理论基础,为后来的儒学发展奠定了坚实的根基。

接棒程氏兄弟的是南宋的朱熹,他是程朱理学的集大成者。朱熹不仅整理、注释了"四书",还提出了"格物致知"的学习方法,主张通过对万物的探索达到认识天理的目的。他的学说在当时成为官方思想，为儒学赢得了无与伦比的地位。朱熹就像一位儒学的"总设计师"，将天理与道德完美结合，进一步将儒学哲学化，建立起了一座思想的高峰。

到了明代，儒学又迎来了一次革新——王阳明的"心学"横空出世。他提倡"知行合一"，强调心灵的力量与实践的重要性。王阳明认为，每个人内心都蕴藏着良知，只要不断地"致良知"，就能达至道德的圆满。他还将儒学与佛教、道教的思想融会贯通，使儒学更具开放性和包容性。可以说，王阳明让儒学变得更加贴近生活，既深邃又接地气。

从北宋到明代，这些思想家们用自己的智慧与努力让儒学焕发出新的生命力。而直到今天，儒家经典依然启发着我们的思考与行动，可以说常读常新。那些穿越千年的思想，如今不仅滋养着东方文化，也成为全球范围内的重要精神财富。

今天，我们可以借助儒家学者们一代一代的著作和注释，用二十一世纪的灵魂，感知千年来积累的文明硕果和古老智慧，何其幸哉！

注释

① 太史公曰："《诗》有之：'高山仰止，景行行止。'虽不能至，然心乡往之。余读孔氏书，想见其为人。适鲁，观仲尼庙堂、车服、礼器，诸生以时习礼其家，余祗回留之不能去云。天下君王至于贤人众矣，当时则荣，没则已焉。孔子布衣，传十余世，学者宗之。自天子王侯，中国言六艺者，折中于夫子，可谓至圣矣！"（《史记·孔子世家》）

② 孟子曰："人皆有不忍人之心。先王有不忍人之心，斯有不忍人之政矣。以不忍人之心，行不忍人之政，治天下可运之掌上。所以谓人皆有不忍人之心者，今人乍见孺子将入于井，皆有怵惕恻隐之心——非所以内交于孺子之父母也，非所以要誉于乡党朋友也，非恶其声而然也。由是观之，无恻隐之心，非人也；无羞恶之心，非人也；无辞让之心，非人也；无是非之心，非人也。恻隐之心，仁之端也；羞恶之心，义之端也；辞让之心，礼之端也；是非之心，智之端也。人之有是四端也，犹其有四体也。有是四端而自谓不能者，自贼者也；谓其君不能者，贼其君者也。凡有四端于我者，知皆扩而充之矣，若火之始然，泉之始达。苟能充之，足以保四海；苟不充之，不足以事父母。"（《孟子·公孙丑上》）

③ 告子曰:"性犹湍水也,决诸东方则东流,决诸西方则西流。人性之无分于善不善也,犹水之无分于东西也。"孟子曰:"水信无分于东西,无分于上下乎?人性之善也,犹水之就下也。人无有不善,水无有不下。今夫水,搏而跃之,可使过颡;激而行之,可使在山。是岂水之性哉?其势则然也。人之可使为不善,其性亦犹是也。"(《孟子·告子上》)

④ 人之性恶,其善者伪也。今人之性,生而有好利焉,顺是,故争夺生而辞让亡焉;生而有疾恶焉,顺是,故残贼生而忠信亡焉;生而有耳目之欲,有好声色焉,顺是,故淫乱生而礼义文理亡焉。然则从人之性,顺人之情,必出于争夺,合于犯分乱理,而归于暴。故必将有师法之化、礼义之道,然后出于辞让,合于文理,而归于治。用此观之,然则人之性恶明矣,其善者伪也。故枸木必将待檃(yǐn)栝(guā)、烝(zhēng)矫然后直;钝金必将待砻(lóng)厉然后利;今人之性恶,必将待师法然后正,得礼义然后治。(《荀子·性恶篇》)

参考文献

《五经四书全译》，中州古籍出版社，2000年。

《十三经注疏》，上海古籍出版社，1997年。

《诸子集成》，上海书店出版社，1986年。

《史记》，世界图书出版公司，2020年。

冯友兰：《中国哲学简史》，北京大学出版社，1996年。

范文澜：《中国通史》，人民出版社，1979年。

匡亚明：《孔子评传》，齐鲁书社，1985年。

杨伯峻：《论语译注》，中华书局，2016年。